Direction : Guillaume Arnaud
Direction éditoriale : Sarah Malherbe

Direction artistique : Élisabeth Hebert,
assistée de Camille Gruenberg et d'Elfried Werner

Édition : Claire Renaud

Mise en pages : Élisabeth Fath et Martine Faure
Fabrication : Thierry Dubus, Marie Guibert
Illustration de couverture : Vincent Joubert

Site : www.fleuruseditions.com
ISBN : 978-2-2150-4813-8
N° d'édition : 10025-02

LE GRAND LIVRE des *Aventuriers*

FLEURUS

Pour mon fils, Louis-Guillaume.
Puisses-tu, après être né pirate,
vivre des aventures de cow-boy,
d'espion ou de rebelle,
en restant un chevalier des temps modernes,
le regard tourné vers les cimes !

Paul Beaupère

Textes
Paul Beaupère

Illustrations

Croquis au trait
Paul Beaupère

Habillages
Jean-Baptiste Reynaud

Illustrations
Vincent Joubert
et Jean-Baptiste Reynaud

CLASSIFIED
TOP
SECRET

Introduction

Cow-boy un jour, spationaute le lendemain, Robin des bois au déjeuner, James bond au dîner, pourquoi se contenter d'une vie quand on peut en vivre mille ? Pourquoi n'être qu'un garçon quand on peut les être tous ?

Ouvre ce livre et pars en voyage !

Construire un radeau ou une fusée, ce n'est pas seulement pratiquer une activité manuelle, ce n'est pas seulement apprendre des techniques, les mettre en œuvre et suivre un mode d'emploi... Non ! C'est surtout vivre une aventure et partir en voyage dans le plus fabuleux des continents... ton imagination !

Dîner comme un cow-boy, c'est bien plus que manger des pommes de terre cuites sous la cendre, c'est entendre les grondements des sabots du troupeau dans la plaine, c'est sentir le vent chaud sur sa peau et le goût de la terre rouge que soulève le passage des bisons.

Il y a dans ce livre mille voyages à faire, et pour aucun d'entre eux il n'est besoin de voiture, d'avion ou de bateau. Il y a mille paysages à découvrir, et pour chacun d'entre eux il te faudra fermer les yeux. Te voilà aux commandes de tes rêves, prêt à tous les voyages, à toutes les audaces...

Bon voyage, aventurier !

Tableau

	Sans rien	Avec une corde ou de la ficelle	Avec du bois	Avec du carton et de gobelets
Tout seul	- Siffler (p. 110) - Observer les nuages (p. 144)	- Le fléau (p. 35)	- Le lance-pierre (p.19) - L'épée (p.34) - La lance (p.35)	- Le casque de chevalier (p. 38)
À plusieurs	- La cueillette dans les bois (p. 70) - Le combat de regards (p. 109)	- Le cerf-volant (p. 54)	- L'arc et les flèches (p. 64)	- Le périscop (p. 94)
À l'intérieur	- Les chants (p. 80)		- Le bouclier (p. 36)	- Les tours d passe-passe (p. 92)
À l'extérieur	- Le jeu des mimes (p. 81)	- La toile d'araignée (p. 20)	- La cabane (p. 78) - Le concours de tir à l'arc (p. 81)	- Le totem (p. 104)
À la mer	- La pêche aux coquillages et crustacés (p.128) - Les jeux de pirates (p. 134)	- Les nœuds de pirate (p. 124)	- Le radeau (p.122) - La pêche à la ligne (p. 130)	- Le trésor des pirates (p. 119)
À la campagne ou à la montagne	- La randonnée (p. 142) - Observer la faune et la flore (p. 148)	- Le pont suspendu (p. 21)	- Le jeu d'équilibre (p. 21)	- La lunette astronomiqu (p. 50) - Les empreintes (p. 68)

des activités

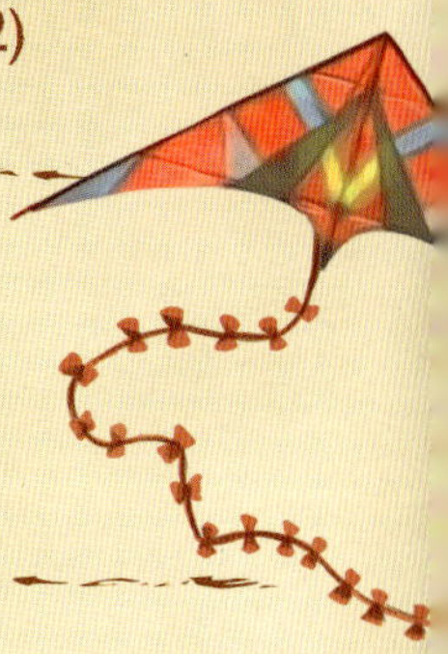

Sommaire

CLASSIFIED

TOP SECRET

TOP
SECRET

LES AVENT
DE LA

URIERS
JUNGLE

Déjà tout petit sur la plage, ton bob sur la tête et une pelle à la main, tu creusais à la recherche de mondes engloutis et de trésors disparus.
Vint le temps des études et des heures passées en bibliothèque, plongé dans les textes anciens, à la découverte de civilisations éteintes, de temples oubliés, de passages secrets…
Tu parles maintenant dix-huit langues dont six que tu es le seul à connaître, les hiéroglyphes, les écritures cunéiformes et celles de tous les rois de France n'ont désormais plus aucun secret pour toi.
Sportif accompli, tu as une impressionnante carrure d'athlète ! Te voilà aujourd'hui sillonnant le vaste monde, affrontant désert, scorpions ou guerriers sauvages pour, le pinceau à la main, exhumer les trésors du passé !

Indiana, c'est toi !

Deviens un véritable aventurier !

Voilà tout ce qu'il faut avoir pour devenir un vrai aventurier !

❶ Un chapeau : ni trop beau, ni trop neuf. Il doit te suivre dans toutes tes aventures, te protéger de la pluie et te donner une allure inimitable. Ton papa ou ton papi en ont certainement un à te donner.
❷ Une chemise : l'aventurier est élégant. Même si sa chemise se tache, se déchire, se froisse, cela reste sa chemise !
❸ Un pantalon pour l'aventure : résistant, de couleur foncée car on y voit moins les taches laissées par le sol détrempé sur lequel tu devras ramper, épais pour résister aux araignées velues qui tenteront de te dévorer et aux flèches qu'il te faudra éviter !
❹ Une bonne ceinture, pour que ton pantalon d'aventurier ne finisse pas sur tes chevilles à la première aventure venue ! Et pour coincer ton fouet !
❺ De bons gros souliers, avec lesquels on peut marcher des heures dans la jungle, qui ne craignent ni la pluie, ni la boue, et écrasent si besoin reptiles et araignées venimeux !
❻ Un fouet, ou un lance-pierre, ou une fronde. Un aventurier se doit d'être équipé pour affronter tous les dangers !
❼ Un regard franc, direct et déterminé : l'aventurier n'a peur de rien !

1
2
3
4
5
6
7
Top secret * Top secret

Le fouet et la fronde

Tous aux abris !

tout seul ou à plusieurs

Le fouet, la fronde et le lance-pierre sont les symboles de l'aventurier. Fais-en bon usage !

Un cuir qui claque !

L'aventurier a hérité son fouet de ses ancêtres les cow-boys pour qui il était un instrument de travail. En cuir tressé, un bon fouet peut toucher un objet, couper du papier ou du tissu, il peut aussi attraper si on le laisse s'enrouler autour de l'objet visé. Sache que le véritable fouet d'Indiana Jones mesure 1,83 m et que, avant de le manier avec précision, il te faudra sans doute t'entraîner et te protéger avec des gants et des lunettes, car la morsure de son propre fouet peut faire très mal ! Sais-tu ce qui provoque ce petit claquement sec quand on manipule un fouet avec habileté ? C'est sa pointe qui franchit le mur du son… Alors, prudence !

Lance-pierre ou fronde ?

Les deux instruments ont la même utilisation, envoyer loin et fort un petit projectile ! La fronde est composée d'une seule courroie dont on tient les deux extrémités. On la fait tournoyer au-dessus de sa tête avant de lâcher une extrémité pour expédier le projectile. Viser avec une telle arme demande habileté et entraînement.
Le lance-pierre est composé d'une fourche et d'un élastique, son maniement est plus facile !

Précautions

Si réaliser et utiliser un lance-pierre relève du jeu d'enfant, il ne faut pas oublier que la puissance du projectile peut être dangereuse, aussi faut-il l'utiliser avec précaution en s'assurant de ne blesser personne !
Sache mettre tes armes nouvelles au service de justes causes. L'aventurier n'est pas un brigand de grand chemin, et te servir de ton fouet ou de ton lance-pierre pour d'autres buts que louables ne serait pas digne de toi !

Fabrique ton lance-pierre

- Choisis une branche solide qui se termine par une fourche.
- Prends un élastique large (acheté dans un magasin de bricolage) d'une longueur de 30 cm.
- Découpe un rectangle dans un morceau de cuir ou dans une chambre à air, perce-le de deux fentes et fais-y passer l'élastique.
- Fixe l'élastique par des nœuds solides à chaque extrémité de la fourche.

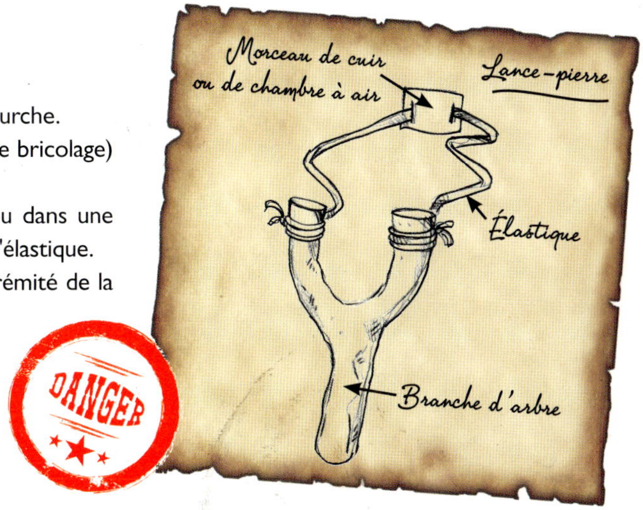

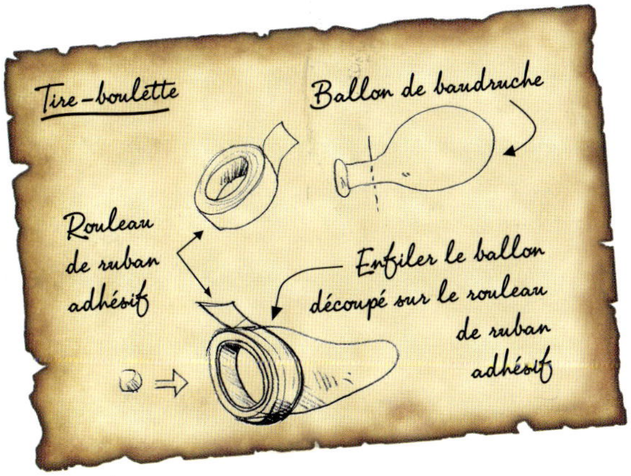

Le tire-boulette

C'est une version encore plus rapide à construire et tout aussi efficace que le lance-pierre.

- Prends un ballon de baudruche. Coupe son embouchure.
- Enfile le ballon sur le rouleau de ruban adhésif.
- Prépare de petites boulettes en papier ou en rouleau adhésif (elles resteront accrochées à la cible), tends le ballon de baudruche et lâche !

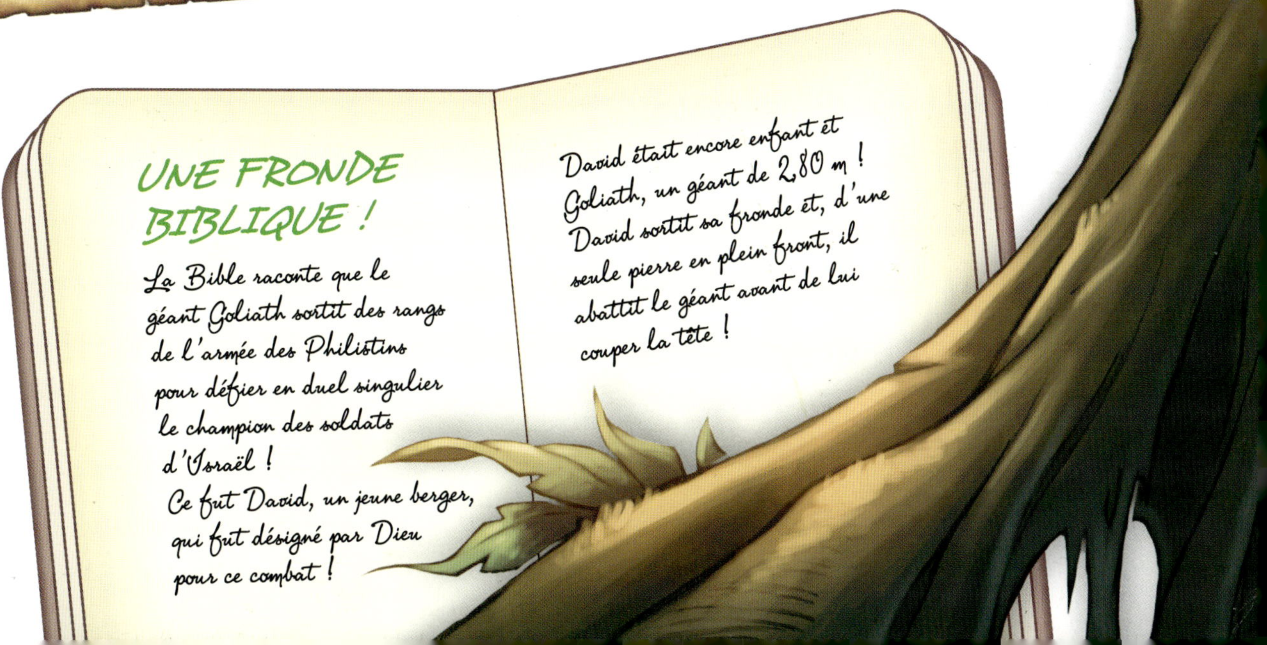

FACILE

LE PARCOURS DU COMBATTANT

Les obstacles tu franchiras !

super pour une fête d'anniversaire

tout seul ou à plusieurs

Quand on part à la découverte d'un temple caché au fond de la jungle, il faut être prêt à affronter toutes sortes d'obstacles ! Entraîne-toi chez toi !

Même pas peur !

Un entraînement digne de ce nom comporte plusieurs étapes, certaines pour mettre à l'épreuve ton courage, d'autres ton adresse ou encore ton intelligence !

Les araignées

Quand on progresse dans des ruines sombres et sinistres, il n'est pas rare de faire d'inquiétantes rencontres… Les araignées ! Tends des cordes et des ficelles entre plusieurs arbres pour faire une véritable toile d'araignée !

LES BESTIOLES GLUANTES

Il existe aussi, quand on traîne en de sombres souterrains, de curieuses bêtes au corps visqueux et gluant ! Les yeux bandés, demande à un concurrent de rechercher une clef dissimulée au fond d'une bassine. Pour compliquer la chose, la bassine est remplie de pain trempé, de vieux fruits pourris et de toutes sortes de choses qui peuvent au toucher avoir une consistance répugnante.

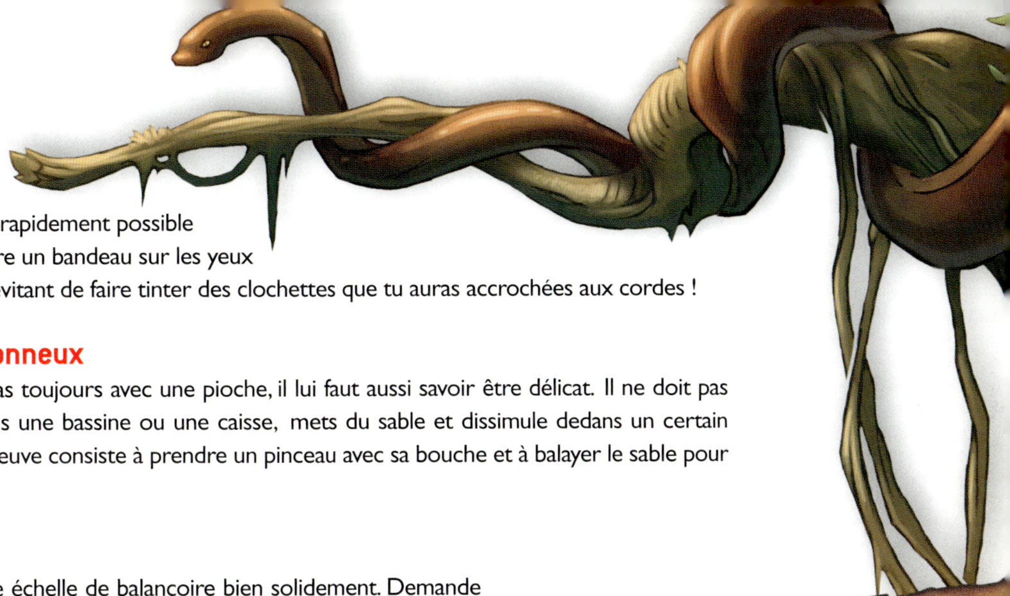

Il convient de traverser le plus rapidement possible ce barrage. Tu peux aussi le faire un bandeau sur les yeux et, plus compliqué encore, en évitant de faire tinter des clochettes que tu auras accrochées aux cordes !

L'archéologue précautionneux

Un archéologue ne cherche pas toujours avec une pioche, il lui faut aussi savoir être délicat. Il ne doit pas abîmer ses découvertes ! Dans une bassine ou une caisse, mets du sable et dissimule dedans un certain nombre de petits objets. L'épreuve consiste à prendre un pinceau avec sa bouche et à balayer le sable pour découvrir les trésors cachés !

Pont suspendu

Entre deux arbres, attache une échelle de balançoire bien solidement. Demande à ton papa de vérifier qu'elle est bien fixée. L'aventurier devra se suspendre aux barreaux sans tomber dans le fleuve où les crocodiles pourraient le dévorer ! On peut aussi réaliser la même épreuve avec deux cordes tendues entre deux arbres, une à laquelle on se tient et l'autre sur laquelle on marche !

Équilibre

Une poutre ou un tronc d'arbre posé au sol, sur lequel il faut courir d'une extrémité à l'autre sans tomber, permet à l'aventurier de travailler son équilibre, pour le jour où il devra vraiment traverser un ravin en marchant sur un simple tronc d'arbre !

ALLER AU BOUT DE SOI, SE DÈPASSER, FRANCHIR TOUTES SORTES D'ÉPREUVES DONT ON NE SE SERAIT PAS CRU CAPABLE, VOILÀ TOUT LE SENS DU PARCOURS DU COMBATTANT !

UN AVENTURIER CÉLÈBRE

Indiana Jones est un personnage créé par Steven Spielberg dans le film Les Aventuriers de l'Arche perdue. Archéologue de renom, le professeur Jones devient Indiana, coiffe son célèbre chapeau, enfile sa veste de cuir et ne se sépare jamais de son fouet quand il s'agit de récupérer des œuvres d'art que des hommes cupides veulent voler. Il n'a peur que d'une chose : les serpents !

Insectes et araignées

Petits, mais dangereux !

DANGER

Les plus camouflés

Les phasmes sont une famille d'insectes particulièrement discrète ! Ils ressemblent à s'y méprendre à des feuilles d'arbres ou à des branches. C'est le moyen qu'ils ont trouvé pour se protéger de leurs prédateurs qui, ainsi, ne les voient pas !

L'aventurier a beau être courageux, ce qu'il craint par-dessus tout, ce sont les insectes et les araignées !

Petites bêtes

Les insectes habitent sur toutes les terres du globe, ils seraient environ 30 millions d'espèces ! Leurs corps est composé de trois parties (la tête, le thorax, et l'abdomen) et ils ont trois paires de pattes. Il faut donc les distinguer des araignées qui appartiennent, elles, à la famille des arachnides, avec les scorpions et les acariens.

Les plus gros !

• Le dynaste hercule (1) est un coléoptère qui peut mesurer jusqu'à 18 cm de long et 22 de large, ailes déployées. Il est aussi le plus fort et peut soulever 80 fois son poids !

• Le papillon de la reine Alexandra (2) peut mesurer jusqu'à 30 cm d'envergure, ce qui en fait le plus grand papillon de jour !

• Chez les araignées, la plus grosse est la mygale goliath, elle attaque même les petits oiseaux.

Les plus dangereux

• La veuve noire (3) est une petite araignée d'apparence inoffensive, mais son venin est très violent !

• L'araignée la plus redoutable est l'*Atrax Robustus,* dont le venin est mortel pour l'homme et tous les mammifères. C'est la plus venimeuse des araignées !

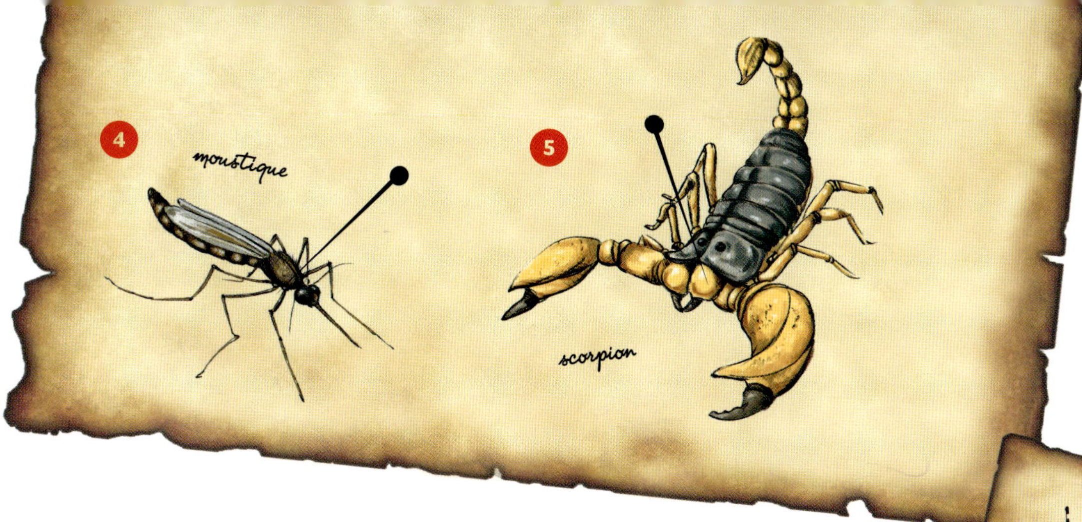

• Le moustique (4), sans danger sous nos latitudes, est pourtant l'insecte qui tue le plus au monde en transmettant par ses piqûres des maladies comme la dingue, la fièvre jaune, et le paludisme ! Chaque année, à lui seul, le paludisme tue de 1,5 à 2,5 millions de personnes !

• Le scorpion (5), *Centruroides sculpturatus,* a un venin mortel pour l'homme !

Le plus curieux !

Le scarabée bombardier (6) est un drôle de petit insecte qui se défend grâce à une sorte de canon ! Il provoque de véritables explosions en mélangeant deux produits chimiques qui sont les mêmes que ceux utilisés pour les moteurs de fusée ! Il peut effectuer 30 tirs de suite !

Le plus grand nombre de pattes !

Il s'agit bien sûr d'un mille-pattes (7), l'*Illacme plenipes*, dont la femelle possède 660 paires de pattes, soit 1 320 pattes !

Les plus nombreuses !

Les fourmis, au nombre de 1 milliard de milliards, ne représentent que 2% des espèces d'insectes. Il en existerait environ 20 000 espèces différentes ! Parmi elles, la fourmi Tocandira possède l'une des piqûres les plus douloureuses au monde !

Le plus résistant

Le wéta de Nouvelle-Zélande est un grillon alpestre. Il vit en altitude et sécrète une sorte d'antigel naturel qui lui permet de ne pas geler sur place !

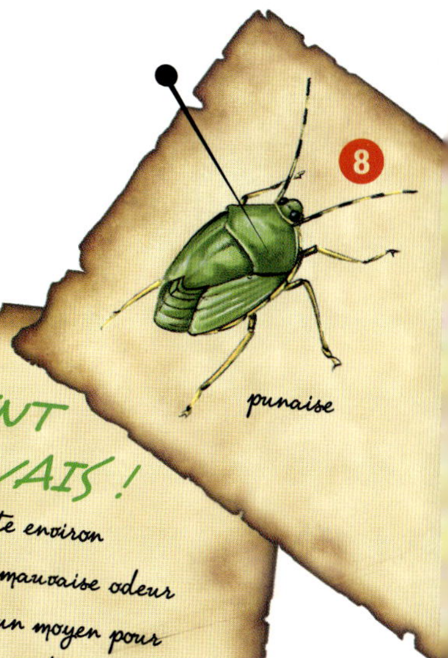

CELUI QUI SENT LE PLUS MAUVAIS !

La punaise (8), dont il existe environ 30 000 espèces, dégage une mauvaise odeur et a un mauvais goût. C'est un moyen pour décourager les prédateurs qui voudraient la manger !

LE GOÛTER DU CRÂNE MAUDIT !

Une invitation effrayante...

Te voilà au pied du mur. C'est bientôt ton anniversaire et tu veux inviter tes amis ! Envoie-leur un carton qu'ils ne sont pas près d'oublier...

Invitation surprise !

Pour ton invitation, voilà comment faire jaillir un crâne de ton enveloppe.

1. Sur une feuille cartonnée de 28 cm de large sur 14 de haut, trace au crayon une ligne verticale au milieu et plie le carton.

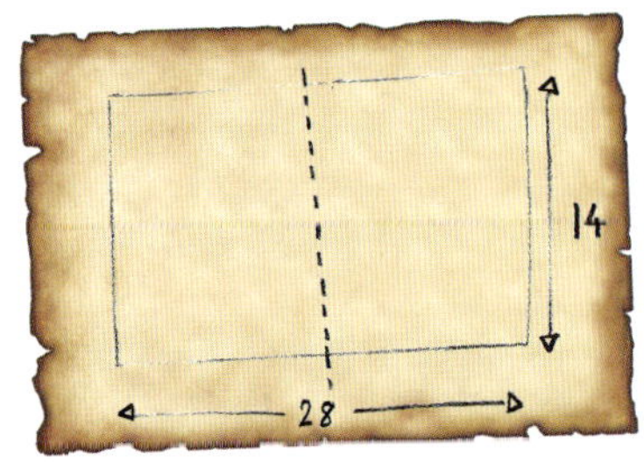

2. Sur une autre feuille de 20 cm de large sur 13 de haut, dessine un crâne effrayant, en ayant soin de laisser une marge de 3,5 cm de chaque côté ! Découpe ce qui est hachuré sur le croquis.

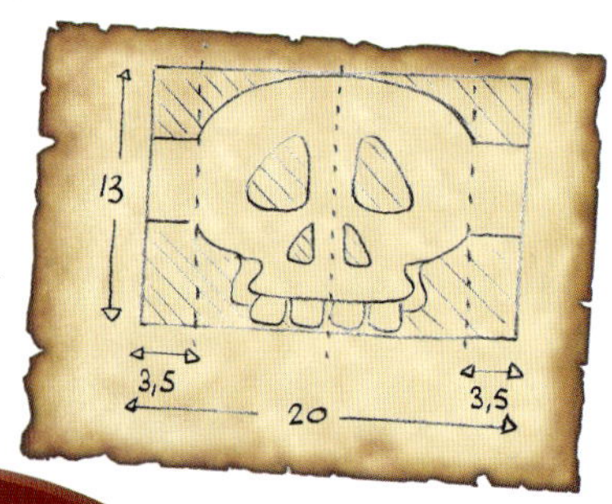

3 Plie le crâne comme sur le croquis, et colle-le sur le carton que tu as préparé en premier. Il doit être plié dans le sens inverse du carton pour prendre du relief à l'ouverture !

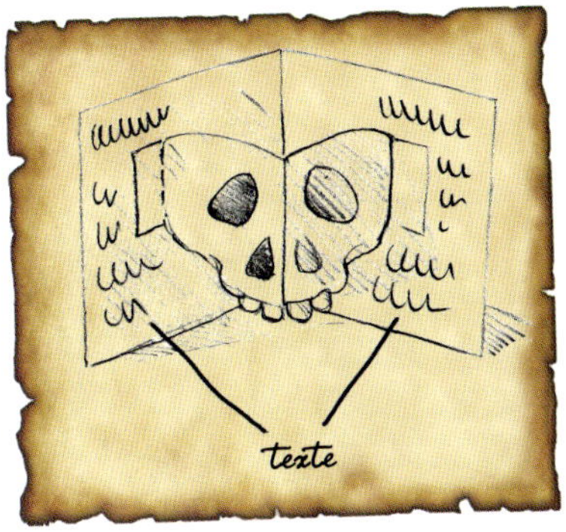

4 Il ne te reste plus qu'à écrire le texte de ton invitation sur le carton. Tu peux le dissimuler derrière le crâne pour obliger tes invités à coller leurs yeux sur les orbites vides pour le découvrir ! Horreur garantie !

FACILE

NÉ UN 29 FÉVRIER !

Le 29 février n'existe que tous les quatre ans, c'est le rythme des années bissextiles. Alors, si tu es né un 29 février, tu vieilliras quatre fois moins vite que les autres…

Encore plus horrible !

Sur le même principe, tu peux maintenant varier les motifs à l'infini :

- Tu peux remplacer le crâne par une araignée géante, une tête de serpent…
- Tu peux écrire ton message en le codant (pour le codage, voir p. 87) et dissimuler la clef du code derrière, dans le crâne.
- À toi de faire travailler ton imagination et tes talents d'artiste !

Enveloppe de la mort

Prends soin de créer une enveloppe à la hauteur de ton carton d'invitation : chauve-souris, reptiles, insectes dessinés, rien n'est trop effrayant. Et tu peux même y glisser quelques faux vers en plastique pour que celui qui glisse la main dans l'enveloppe ait la peur de sa vie !

UNE PETITE CHANSON !

Happy Birthday to You, qui se traduit en français par Joyeux anniversaire, est la chanson que chacun chante en apportant un gâteau aux bougies allumées. Mais sais-tu que cette petite chanson a été composée aux États-Unis, en 1893 par deux institutrices, les sœurs Hill. Depuis, elle a fait le tour du monde et elle est sans doute la chanson américaine la plus connue !

tout seul ou à plusieurs

UN GÂTEAU EFFRAYANT

DANGER

Mange, si tu oses...

Ton carton d'invitation donne des frissons dans le dos, tes amis aventuriers sont perdus dans la jungle de ta maison et, maintenant, ton gâteau d'anniversaire arrive... Auront-ils assez d'audace pour le goûter ?

Bon à faire peur !

Le plus souvent, un bon gâteau ressemble à un bon gâteau ; le plus souvent, un bon gâteau est beau ! Mais pas un gâteau d'aventurier !

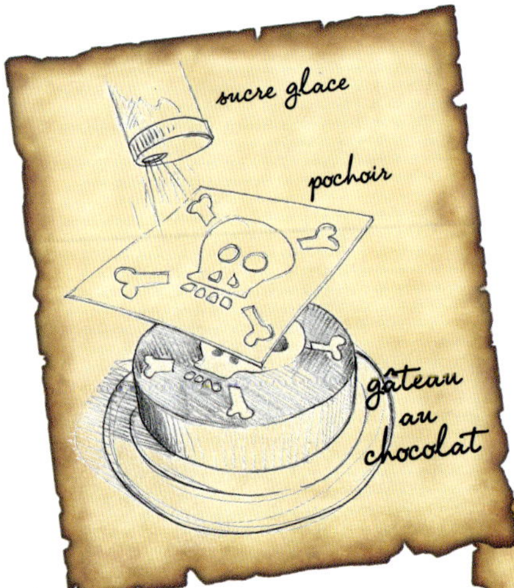

La base : un gâteau au chocolat minute

Fais fondre beurre et chocolat au micro-ondes. Deux minutes et c'est prêt ! Mélange œufs et sucre et bats jusqu'à ce que le mélange mousse. Ajoute le lait, le chocolat et le beurre fondu, ainsi que la farine dans laquelle tu as mis la levure. Mets dans un moule qui passe au micro-ondes et fais cuire 5 minutes.

INGRÉDIENTS

- 125 g de beurre
- 125 g de chocolat
- 125 g de sucre
- 5 cl de lait
- 3 œufs
- 60 g de farine
- 1 cuillère à café de levure

Pochoir tête de mort

• Décore ton gâteau au chocolat, rond ou carré avec un pochoir !
• Dans une feuille de papier, découpe un crâne avec deux ronds pour les yeux, ainsi que deux petits triangles pour le nez.
• Pose cette forme sur le gâteau et saupoudre de sucre glace.
• Retire le pochoir : un crâne inquiétant apparaît !

Le crâne qui saigne !

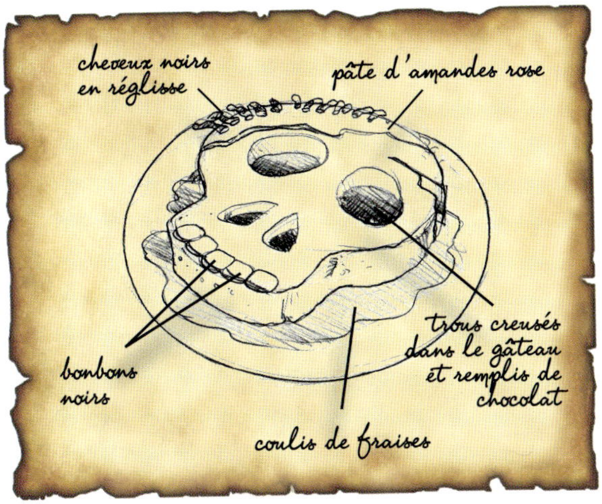

INGRÉDIENTS

• des carrés et des rouleaux de réglisse noir
• 1 plaquette de chocolat
• du coulis de fraises
• de la pâte d'amandes rose

• Découpe ton gâteau au chocolat en forme de tête de mort.
• Creuse deux trous ronds pour les yeux et deux trous triangulaires pour le nez.
• Remplis les yeux avec du chocolat fondu pour qu'ils soient inquiétants !
• Avec des réglisses noires et carrées, fais les dents.
• En haut du crâne, creuse une fente, verse du coulis de fraises. On dirait du sang, effet garanti !
• Avec la pâte d'amandes rose, fais des « morceaux de peau » qui collent encore au haut du crâne et, avec un morceau de rouleau de réglisse, ajoute des cheveux !

UN CARNET D'AVENTURIER

L'aventure commence sur ton bureau, à la lueur de ta lampe de chevet !

Partir à l'aventure, bien sûr, mais pas n'importe comment ! L'aventure se prépare avant, se déguste pendant et l'on s'en délecte ensuite !

Du rêve en page !

• Choisis un carnet, prends-le petit ou grand, à spirales ou relié, de couleur ou noir, à petits ou à grands carreaux. C'est un ami qui va t'accompagner durant toutes tes aventures !

• Commencer un carnet, c'est décider d'être un aventurier à plein temps, c'est être curieux de tout.

• Découpe dans les journaux un article qui parle d'un fabuleux trésor, fais le croquis d'un site archéologique visité ou le plan d'un bâtiment singulier ! Collectionne les recettes, les trucs, les astuces d'aventuriers que tu trouves dans tes lectures ou dans les films.

• Note les codes secrets que tu utilises, le morse qui peut toujours te servir et la formule de l'encre sympathique !

• Colle des photos, des cartes postales, des plans, des tickets de métro ou de cinéma, des dépliants touristiques, tout ce qui rappelle les lieux de tes aventures.

• Écris la liste des numéros à appeler en cas d'urgence, la liste des plantes comestibles en forêt, les correspondances des différents systèmes de mesure en usage dans le monde… En un mot, note tout !

Un peu d'Histoire

Si tes aventures doivent t'entraîner sur les traces de civilisations anciennes, documente-toi ! Qui étaient les Incas, comment lire les hiéroglyphes égyptiens, le grec ancien, comment était construit un château au Moyen Âge ! Un carnet, ce n'est pas un ensemble de feuilles reliées entre elles, un carnet, c'est surtout un état d'esprit ! Tu viens d'entrer dans la famille des gens curieux de tout !

Une aventure entre les pages !

Sois lisible ! Quand, perdu dans le noir au beau milieu de la nuit sibérienne, réfugié dans un arbre, tu n'arriveras pas à te relire pour savoir comment éloigner les loups affamés ou quand, poursuivi par de redoutables guerriers du Béloutchistan sub-oriental, tu ne trouveras plus la page où tu as noté comment on dit « bonjour » dans leur langue… il sera peut-être trop tard !

ARTISTES

Des peintres comme Eugène Delacroix, ou de grands savants comme Léonard de Vinci, passaient leur temps à noter dans leurs carnets leurs réflexions, leurs questions, et aussi leurs réponses quand ils en trouvaient ! Ils dessinaient également des croquis pour illustrer leurs textes ou pour se souvenir de détails ou de couleurs qu'ils pourraient ensuite replacer dans un tableau ! Un beau carnet est parfois une œuvre d'art à lui tout seul !

LES CHEV

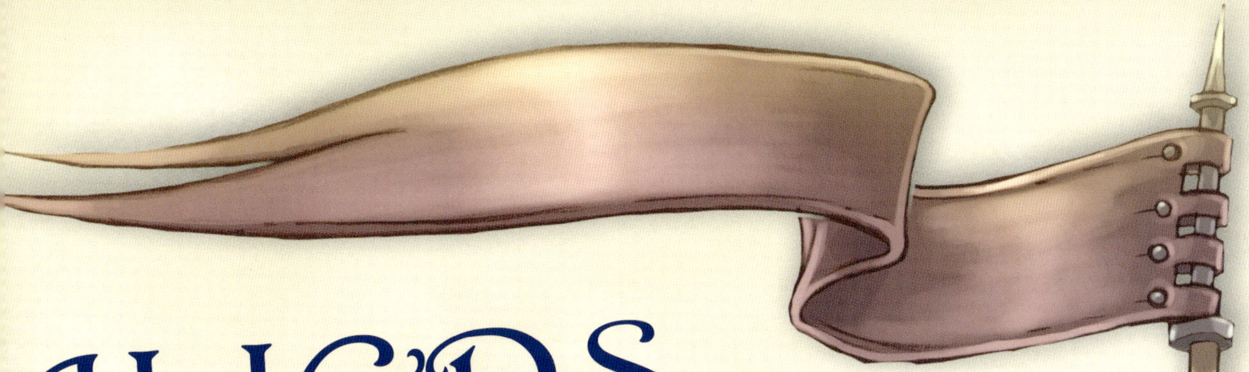

ALIERS

Voilà une semaine que tu as été fait chevalier !
Après une nuit en prière dans la chapelle du châ-
teau, ton seigneur t'a adoubé, posant sur tes épaules
sa lourde épée, alors qu'à haute voix tu prêtais serment.
C'est à cette occasion que t'ont été remis
tes armes, ton bouclier et tes éperons.
Aujourd'hui, tu dois mettre fin aux sinistres agis-
sements d'un seigneur félon qui terrorise la région.
Il a trahi son serment de chevalier,
préférant mettre son épée à son propre service
et à celui de sa réussite. Il est ton ennemi.
La sagesse, la fidélité, la courtoisie,
la défense des faibles et de l'Eglise, voilà
ce qui fait ta vie de chevalier, voilà
ton engagement, voilà tout ce
pour quoi tu es prêt
à donner ta vie !

Le chevalier Bayard, c'est toi !

Deviens un véritable chevalier !

Voici tout ce qu'il faut avoir pour devenir un vrai chevalier !

1 Une armure : elle te protégera des coups et des blessures, elle résistera à tous les assauts de tes ennemis. Avec elle, tu seras invincible ! Tu dois la compléter d'un bouclier résistant, orné de ton écusson et de tes couleurs de preux chevalier.

2 Une épée : elle sera ton amie fidèle, celle sur qui tu pourras toujours compter, toujours prête à te défendre et à te servir, éternellement à tes côtés ! Courte ou longue, à tenir d'une main ou avec les deux, choisis ton arme !

3 Un casque : il mettra à l'abri ta tête et ses rêves de gloire. À visière amovible, barbutte ou bassinet, à toi de choisir celui qui te plaît le plus, qui te donne une allure unique, et fabrique-le !

4 D'autres accessoires peuvent venir étoffer ta panoplie, une cape qui en plus de te donner fière allure te protégera du froid, une grosse ceinture pour glisser ton épée, des éperons pour mieux diriger ton cheval, mais aussi un poignard, une dague, un fléau ou une masse d'armes, à toi de voir !

5 Battant sous le fer froid de ton armure, il te faudra l'arme la plus invincible : le cœur chaud et bouillant de générosité du chevalier fier de sa mission et prêt à donner sa vie pour elle ! Ce cœur-là ne se trouve dans aucun magasin d'accessoires, il faut juste aller le chercher au fond de soi !

1
2
3
4
5

Les armes du chevalier

tout seul ou à plusieurs

Sans peur et sans reproche

Un chevalier, une mission, une épée !

À partir de 21 ans, et après avoir été page et subi une longue initiation, l'écuyer pouvait devenir chevalier ! Lors d'une cérémonie, le chevalier recevait son épée ! Symbole de sa force et de sa mission, elle ne le quittait jamais et le suivait jusque dans la mort !

Une arme, une quête !

Te voilà à la veille de grandes aventures ! Mais avant de partir, il faut te procurer un équipement digne de ce nom et, surtout, une belle épée. Voici comment la fabriquer :

1. Choisis un beau morceau de bois que tu vas tailler et mettre en forme jusqu'à obtenir la lame de tes rêves.
2. Si tu as de la peinture grise ou, mieux argentée, peins la lame. Tu auras très vite une arme digne de ce nom !
3. Habille le pommeau de cuir ou d'un tissu épais qui te la rendra confortable dans la main et l'empêchera de glisser ! Un chevalier ne doit pas être facilement désarmé !
4. Tu peux varier la taille, faire une grande épée que l'on tient à deux mains, ou même cette petite dague qui, accrochée par une chaîne à son armure, ne quittait jamais le chevalier et s'appelait la miséricorde !

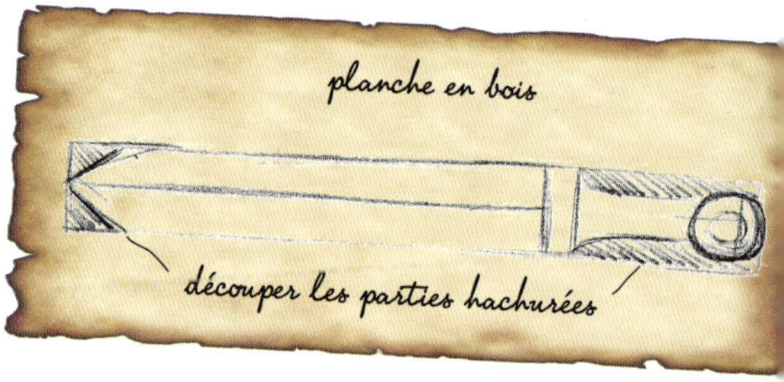

Autres armes

Si l'épée en est le joyau, d'autres armes peuvent venir compléter ta panoplie.

- **La lance :** indispensable pour les tournois
  1. Prends une belle tige de noisetier ou un manche à balai.
  2. Mets-y une protection en carton pour ta main et une belle poignée de tissu aux couleurs que tu auras choisies. Les tournois n'attendent plus que toi !

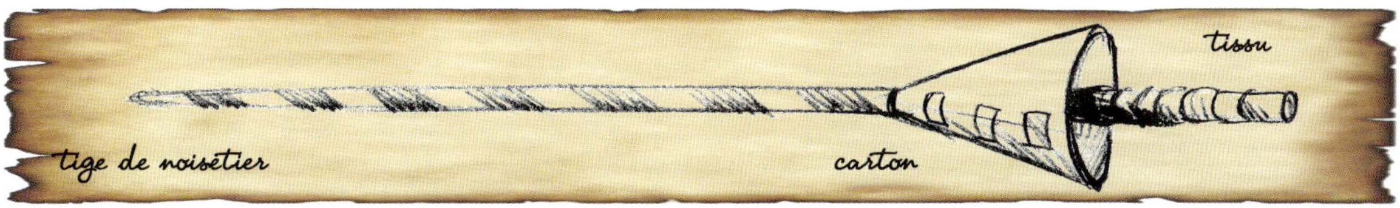

- **Le fléau :** arme des champs de bataille par excellence, elle s'ornera d'une ou plusieurs masses selon tes désirs.
  1. Prends une boule de polystyrène. Peins-la en gris.
  2. Perce-la d'un trou, fais-y passer une ficelle.
  3. Attache-la à un manche à balai que tu auras raccourci. Voici ton fléau, qui décimera l'armée ennemie !

Forgeron de tes rêves !

Fabriquer ton équipement sera pour toi l'occasion de te préparer à ta mission. Devenir chevalier dépasse le simple fait d'en revêtir le costume, c'est en adopter les idéaux !

Les chevaliers avaient une mission à laquelle il ne pouvait se soustraire sans perdre leur honneur. Et l'honneur était, avec leur épée, ce qu'ils avaient de plus précieux !

Le chevalier mettait son épée au service de la justice, il devait protéger les femmes, les enfants et combattre l'injustice. Il devait aimer, honorer et défendre sa patrie, ainsi que l'Église, à ses risques et périls !

Ton bouclier

À l'abri de l'écu

Au beau milieu de la bataille, quand les coups d'épée pleuvent, mieux vaut avoir un bouclier solide !

Protégé !

Un bon chevalier reste un chevalier en vie et, s'il doit se battre, il doit aussi savoir se mettre à l'abri ! Non seulement le bouclier protège le chevalier, mais, peint à ses couleurs, il dit qui il est !

Solide et pratique !

Adapté à l'usage que tu veux en faire, à ta taille, solide et beau, voilà à quoi doit ressembler ton bouclier.

1. Découpe une planche en bois dans la forme de ton choix : rond si tu viens de Germanie ou des plaines asiatiques, long et pointu en bas pour un chevalier franc ; long, ovale et plus large en haut qu'en bas si tu es un chevalier normand ! Fais un bouclier à ton image !

2. Prends du tissu épais pour le capitonner à l'intérieur ou pour faire les sangles qui permettent de le tenir.

3. Découpe des canettes de boissons gazeuses avec de simples ciseaux. À l'aide des bandes de métal ainsi obtenues, renforce les bords du bouclier en les fixant avec de gros clous. Attention aux bords qui peuvent rester coupants.

Des goûts et des couleurs !

L'héraldique, c'est le nom que l'on donne à la science des couleurs et des emblèmes formant les blasons. Le vocabulaire utilisé y est très particulier, par exemple pour les couleurs : le bleu se dit « azur », le rouge, « gueules », le jaune, « or », le noir, « sable », le vert, « sinople », et l'argent... « argent » !

L'Héraldique

Ton casque

À chacun son couvre-chef !

tout seul ou à plusieurs

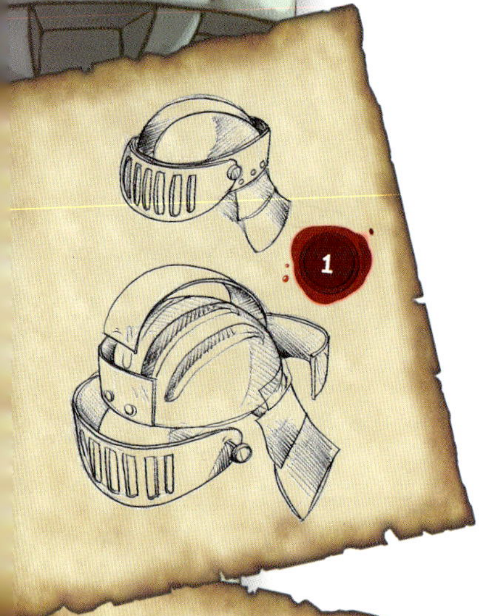

Dorures, têtes animales, ailes ou cornes, tout est bon pour se faire remarquer !

Le casque de l'emploi !

Le visage des chevaliers qui arrivaient sur la lice était dissimulé par leur casque. Pour être reconnu de tous et afin que leurs exploits leur soient bien attribués, ils mirent leurs couleurs sur leurs boucliers et des décorations sur leur casque.

Mon casque à moi !

Pour tes balades à vélo, le casque est toujours recommandé, mais il faut reconnaître que les casques modernes en plastique sont beaucoup moins impressionnants et moins beaux que ceux de nos lointains aïeux ! Saurais-tu transformer ce sinistre plastique en œuvre d'art ?

• Un dragon rouge, des cornes de taureau, des ailes de corbeau, la couronne d'un roi, comment vas-tu décorer ton casque pour qu'il te ressemble ?

• Inspire-toi des modèles ci-contre et découpe dans du carton la forme de ton casque. Scotche les morceaux de carton sur ton casque de vélo (1).

• Rassemble plumes, cartons de couleur, peintures, tissus (2). Assemble-les, colle-les sur ton casque ou fixe-les avec des attaches parisiennes s'il s'agit d'ailes (3). Confectionne ainsi un couvre-chef de légende !

• Quand, pour ton grand tournoi, tu inviteras tes amis chevaliers, mets-les au défi de dépasser ton casque en splendeur !

• La seule limite est de ne rien mettre qui, en cas de chute, puisse te blesser ! Attention aux objets métalliques, aux éléments pointus et coupants, ton casque est fait pour protéger, pas pour te faire mal !

Les différents types de casques

Chanfrein

Casque grec

Casque espagnol

Heaume

Heaume

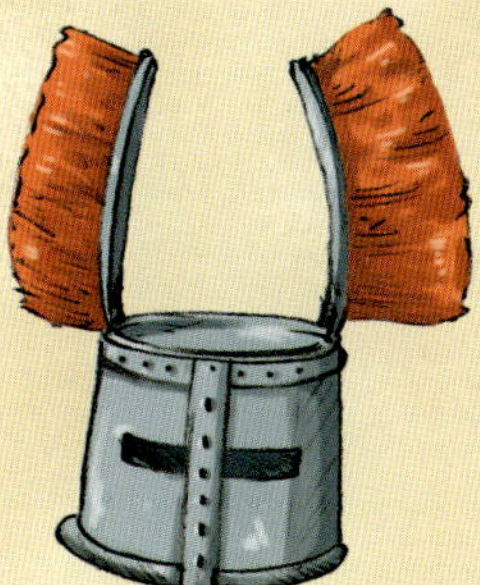

Heaume

Heaume

Le terme heaume que l'on emploie communément pour désigner le casque d'une armure apparaît au XIIe siècle, mais, depuis l'Antiquité, le casque était utilisé. La guerre moderne et ses impératifs obligèrent à mieux se protéger et, petit à petit, le visage fut complètement recouvert.

Casque du XIe siècle

Casque du XIIe siècle

Casque du XIIe siècle

Des casques dans les étoiles !

En 1977 sort le premier film de la série *La Guerre des étoiles*. Luc Skywalker appartient à l'ordre des Jedi qui lutte contre le mal pour la vérité et la justice ! À bien y regarder, ce film est la retranscription dans un futur lointain du monde et des idéaux de la chevalerie. Les chevaliers ont disparu il y a bien longtemps, mais leur idéal demeure !

Casque du XIIe siècle

Casque du XIVe siècle

Ta monture

Un fier destrier !

Le nom même du chevalier l'indique, il n'y a pas de chevalier sans cheval !

Oh mon cheval !

Il est le compagnon d'armes du chevalier, avec qui il s'entraîne, se déplace et se bat ! Cavalier et monture sont intimement liés ! De nos jours, les chevaux ne courent plus les rues, mais d'autres montures, d'acier, de fer et de plastique, les ont remplacés. Monte-les aussi fièrement que les fougueux destriers du Moyen Âge !

Un cheval, des chevaux !

Comme il y a des vélos tout-chemin, des vélos tout-terrain, des vélos de ville ou de course, le chevalier possédait différents chevaux ! Pour l'attaque : un cheval robuste, un étalon fougueux, son destrier ! Le roncin, cheval de service, portait les bagages, le haquet tirait les charrettes et le palefroi, souvent une jument, servait à porter les dames ou à la parade !

Une draisienne, des vélos !

C'est vers 1818 qu'apparaît la draisienne. Ancêtre du vélo, en bois, il fallait pousser avec les pieds pour la faire avancer. En 1861, Pierre Michaud eut l'idée d'y ajouter un pédalier directement fixé sur la roue avant. 1869 : des bandes de caoutchouc améliorent le confort des roues en bois cerclées de fer. 1884, la transmission par chaîne arrive, et, en 1880, les premiers pneus ! En 1930, les dérailleurs achèvent de faire de la bicyclette le vélo que nous connaissons. 1970 : apparition du VTT. Vive le vélo !

Aux petits soins

Au cours d'une bataille, la vie d'un chevalier pouvait dépendre de la condition physique de sa monture. Le cheval était donc au centre de toutes les attentions, palefreniers et écuyers veillaient à son bon état À toi de prendre soin de ton cheval !

Cheval à deux roues

Le bon état de ton vélo est primordial pour ta sécurité. Si les charges de chevaliers ennemis sont devenues fort rares le soir au coin des bois, freiner devant un obstacle imprévu ou éviter une voiture distraite peut te sauver la vie !

- Ne sors jamais avec un vélo défectueux, vérifie toujours les freins, les pneus et l'éclairage ! Il faut que la lumière avant fonctionne et qu'il y ait un catadioptre à l'arrière qui reflète la lumière des phares des voitures et signale ta présence ! Porte un gilet fluorescent, c'est aussi un très bon moyen d'être vu de loin !
- Vérifie le serrage des écrous des roues avant et arrière, celui de la selle, du guidon.
- Si un pneu te semble dégonflé, regonfle-le avec ta pompe : sur terrain dur, il est conseillé d'avoir des pneus bien gonflés, ils peuvent l'être moins sur un terrain plus souple.
- Si ton pneu est crevé, retourne ton vélo sur la selle et le guidon. (1)
- Avec quatre ou cinq démonte-pneus, écarte le pneu de la jante et sors la chambre à air. Gonfle à la pompe la chambre plongée dans l'eau, repère d'où viennent les bulles et pose une Rustine (un autocollant rond spécial vélos) ou de la colle spéciale sur le trou. Un peu d'entraînement et l'aide d'un adulte la première fois feront vite de toi un expert ! (2)
- Si tu dérailles, retourne une nouvelle fois ton vélo. Pousse d'abord le dérailleur pour donner du mou à la chaîne, repose la chaîne sur le plateau et fais tourner avec la pédale. Voilà, c'est reparti ! (3 et 4)
- Ne pars jamais sans ton kit de réparation !

Une monture en parfait état est le gage d'aventures multiples ! Tu pourras défier les chevaliers alentour : courses, parcours d'adresse, slalom, vitesse ou même lenteur, tout sera bon pour rivaliser d'adresse et de force !

Le tournoi de chevaliers

À l'attaque !

Le tournoi, c'est pour le chevalier l'occasion de montrer sa bravoure et de briller aux yeux de la dame de ses pensées. Alors en selle, chevalier !

Prêt !

Le grand jour est arrivé ! Le tournoi est une fête, un peu violente, quelquefois brutale, mais une fête virile, une distraction pour homme ! Tu as revêtu ton armure la plus brillante, ton casque le plus beau et sur ton écu éclatent tes couleurs. Ta monture, ton vélo entièrement relooké, piaffe d'impatience ! Tout au long de la journée, les épreuves vont se succéder pour élire le champion du tournoi !

Le Dogue noir de Brocéliande

Bertrand Du Guesclin se fit très tôt remarquer par sa laideur et son esprit bagarreur ! Alors qu'il n'en avait pas le droit, il participa masqué à un tournoi et défit un à un chacun de ses adversaires. Arrivé au dernier, il refusa le combat et abaissa sa lance en signe de respect devant… son père ! Du Guesclin n'avait alors que 15 ans !

À lire...

Ivanhoé de Walter Scott

Le cycle de la Table ronde

Le Seigneur des anneaux de Tolkien est un livre qui se déroule dans un univers peuplé de dragons, elfes et autres créatures, mais où le sens de l'honneur, de l'amitié, le combat du bien contre le mal, sont directement inspirés de l'idéal chevaleresque.

Chargez !

Pour s'exercer à porter des coups en plein galop, les chevaliers chargeaient un mannequin de paille qui pivotait sur lui-même et risquait de les faire tomber avec son faux bras. Le chevalier devait alors se pencher pour l'éviter.

Toi, à cheval sur ton vélo, ta lance de chevalier sous le bras, élance-toi vers l'ennemi dans l'espoir de le transpercer ! C'est un ballon de baudruche rempli d'eau, accroché à un arbre, qui fera office de mannequin, mais il n'en faudra pas moins d'habileté pour le toucher sans tomber de vélo !

Faire corps avec sa monture !

Te voilà monté sur le dos de ton destrier (un copain, cette fois), d'une main, tu tiens ton bouclier, de l'autre, tu cherches à prendre la vie de ton adversaire, lui aussi à califourchon sur les épaules de son ami ! Bien sûr, cette vie n'est en fait qu'un foulard coincé dans sa ceinture, mais il te faudra l'habileté et la ruse d'un grand combattant et une complicité avec ta monture que seuls les grands cavaliers connaissent pour réussir à dominer tes valeureux concurrents !

L' esprit chevaleresque

Les tournois étaient l'occasion de confrontations parfois violentes, les blessures n'y étaient pas rares et la mort s'y invitait parfois ! Une chose cependant permettait de tout dépasser et de tout supporter, l'honneur !

À toi de savoir perpétuer cette tradition de la chevalerie et l'esprit qui l'accompagne, afin d'être le chevalier de ton époque !

L'histoire !

Les traces les plus anciennes de tournois remontent à 842. En 1066, Geoffroy de Preuilly établit les règles qui organisèrent les tournois. C'est en 1420 que les deux cavaliers furent séparés par une barrière en bois appelée lice. En 1559, Henri II, roi de France, meurt lors d'un tournoi, la lance de son adversaire ayant traversé son casque et s'étant fichée dans son œil ! Son agonie dura dix jours. Catherine de Médicis, sa femme, interdit alors les tournois !

Le repas des chevaliers

Avec les doigts !

Au Moyen Âge, la fourchette n'existait pas, les convives partageaient une cuillère pour deux et chacun venait avec son couteau. La nourriture était posée sur une grande tranche de pain qui servait d'assiette appelée « tranchoir »... Alors ? Prêt à essayer ?

À table !

tout seul ou à plusieurs

Les chevaliers sont connus pour leur Table ronde. Mais quand vient le temps des banquets et des repas de fête, ce sont des tables longues que l'on dresse !

À la cuisine !

Une riche vaisselle et des mets raffinés ! Tout grands guerriers qu'ils étaient, nos chevaliers n'en étaient pas moins de fins gourmets ! Des sangliers rôtis, des cygnes en broche, des pâtés en croûtes, la viande était à l'honneur dans les repas de fête ! Les légumes n'étaient là que pour

accompagner, la plupart d'entre eux n'étaient pas encore découverts ! Pas de tomates, de pommes de terre, de courgettes, de potirons, mais des poireaux, des choux verts, des bettes, des fèves, et même des carottes, mais blanches !

Le menu !

Pour faire un vrai repas de chevalier :

• Sur un feu de bois (pour apprendre à faire un feu de bois, reporte-toi p. 74), fais cuire un poulet à la broche. Demande à un adulte d'enfiler le poulet sur la broche. Fixe-la sur deux branches fourchues de part et d'autre du feu.

• Arrose régulièrement le poulet avec un mélange d'huile, d'estragon et d'épices ! Les épices étaient fort appréciées en ce temps-là !

• Propose avec le poulet une purée de lentilles, de fèves ou des épinards à la crème. Tu mangeras alors vraiment comme un chevalier.

• Un potage de légumes ira aussi très bien.

• Pour le dessert, prends des pommes, creuse-les, remplis-les de confiture et mets-les au four !

Les copains et toi pouvez chanter, danser, faire les troubadours ou les ménestrels pendant le repas, l'ambiance "festin de chevaliers" sera assurée !

Mettre le couvert !

Sais-tu qu'au Moyen Âge, les meubles étaient rares dans les châteaux ! Les tables n'existaient pas et, quand venait le temps du repas, on posait de simples planches sur des tréteaux. Assis sur des bancs, les convives n'occupaient qu'un côté de la table, l'autre étant réservé au service ! L'expression « dresser la table » que nous utilisons toujours pour dire mettre le couvert vient directement de cette époque !

LES AVENTU
DE L'ESP

RIERS
CE

Quand, il y a dix ans, l'agence spatiale européenne a demandé des volontaires pour devenir spationaute, tu as immédiatement su que c'était pour toi ! Encore dix années d'entraînement intense, d'apprentissage exaltant, dix ans pour aujourd'hui être là, premier homme à construire ta fusée et à marcher sur Mars !

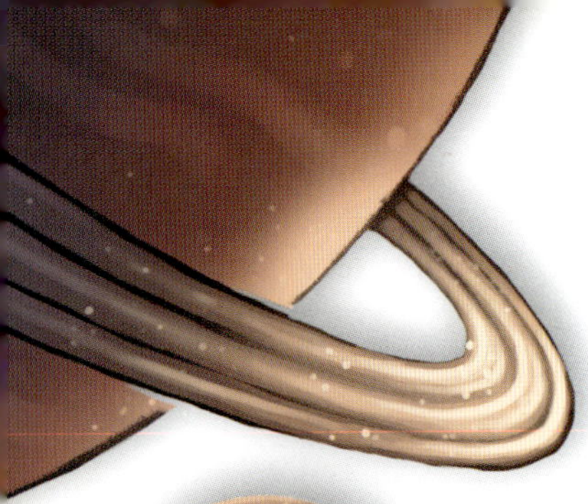

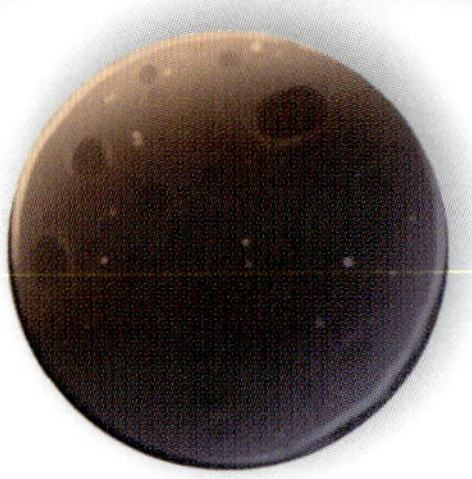

Neil Armstrong, c'est toi !

Pars à la conquête de l'espace !

À toi la combinaison intersidérale !

1 Une combinaison de spationaute. Le problème, c'est que la Nasa garde bien ses secrets. Tu vas donc devoir la fabriquer toi-même. Si tu as une tenue d'escrime, c'est parfait. Blanche, un peu rembourrée, elle sera idéale. Sinon, prends tous les vêtements blancs que tu as sous la main (pioche chez tes parents au besoin) et mets dessous toutes les couches de vêtements disponibles : pulls, pantalons, n'hésite pas à superposer. Tu obtiendras ainsi une combinaison ultraprotectrice, qui défiera les lois de la pression atmosphérique !

2 Un casque. Prends ton casque de vélo, peins-le en blanc, et trouve un morceau de Plexiglas mou (cela s'achète dans les magasins de bricolage). Fixe-le avec du gros Scotch sur le devant de ton casque. Tu peux aussi acheter un masque de protection pour la soudure également dans les magasins de bricolage. Attention, ne cherche pas à mettre ta tête dans un bocal, elle aurait du mal à y entrer et, si elle y entrait, elle aurait beaucoup de mal à en sortir…

3 Ton équipement portable. Un vrai sac à dos fera l'affaire. Ajoute des tuyaux pour le relier à ton casque. Des gaines électriques plastifiées grises ou noires seront parfaites.

4 Des baskets blanches au pied, pour faire ton premier pas sur la Lune et rebondir de cratère en cratère avec l'apesanteur !

5 Des gants. Ils doivent être suffisamment fins pour que tu puisses sentir les objets que tu manipules. Certains spationautes se sont même plaints du fait qu'ils ne soient pas assez chauds… Il faudra t'y habituer ! Prends des gants blancs en coton ou en soie, ils seront parfaits.

6 La tête dans la lune et les étoiles. Même si c'est un reproche que l'on te fait souvent, pour un aventurier de l'espace, être tête en l'air est une qualité !

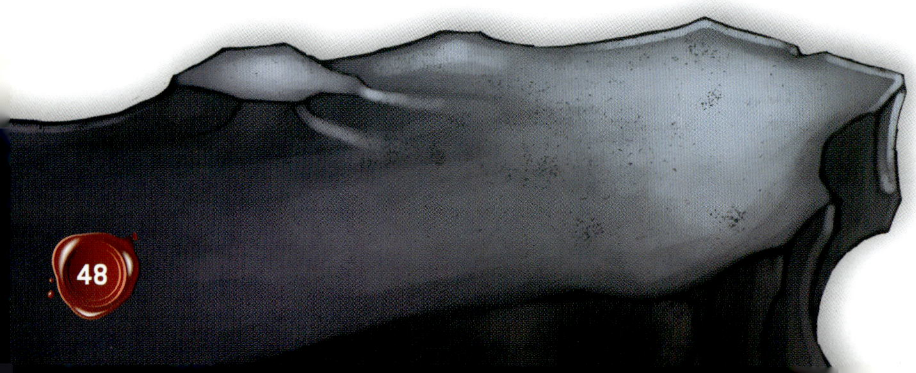

3
2
6
1
5
4

TOP SECRET

APPROVED

Une lunette astronomique

Les yeux aux cieux !

tout seul ou à plusieurs

APPROVED

Que trouve-t-on au-dessus de nos têtes ? Le ciel. Et dans le ciel ? Des oiseaux ! Et au-dessus des oiseaux ? Des avions, des satellites ! Et au-dessus ? Au-dessus, il n'y a rien. Rien que des milliards d'étoiles, des millions de planètes et des trous noirs...

Galilée

Le Hollandais Hans Lippershey construisit la première lunette connue en 1608. C'est Galilée qui le premier s'en servit scientifiquement. Il mit au point une lunette qui grossissait 20 et 33 fois et observa la surface de la lune avec ses cratères. Il vit les taches sur le Soleil et remarqua qu'il tournait sur lui-même ! Il observa les quatre plus gros satellites de Jupiter, les phases de Vénus et l'anneau de Saturne.

Fabrique une lunette astronomique !

Sans te prendre pour Galilée, toi aussi tu peux réaliser ta propre lunette astronomique et à ton tour découvrir la Lune.

On peut construire une lunette très simple avec deux loupes et deux tubes en carton.

- La grande loupe fixée à l'extrémité de la lunette pointée vers le ciel servira d'objectif, et la petite fixée du côté où se pose l'œil sera l'oculaire.
- Les rayons lumineux captés à l'entrée du télescope seront concentrés.
- Le corps de la lunette sera composé de deux tubes en carton qui s'emboîtent

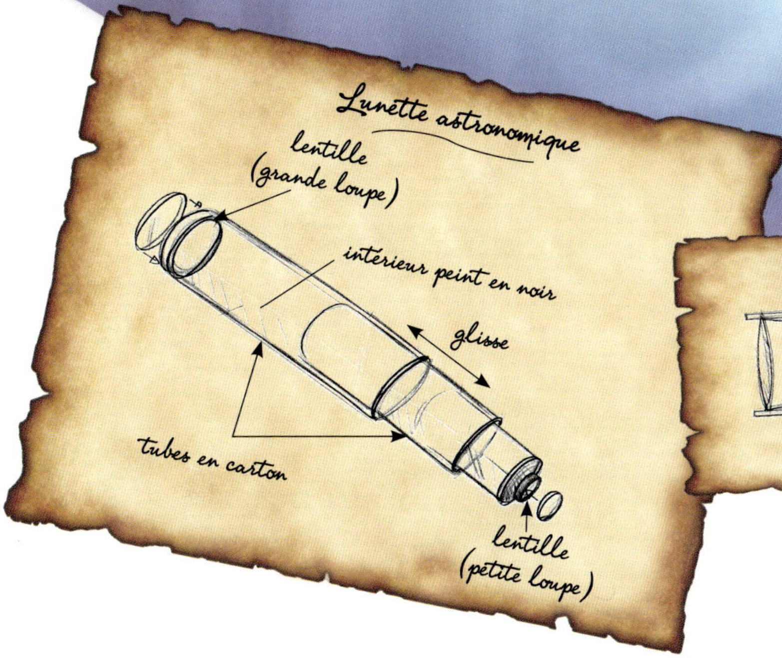

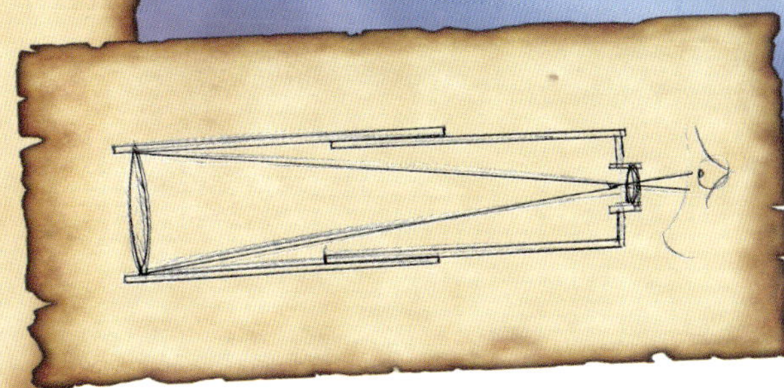

parfaitement, le plus petit glissant dans le plus grand.

• Pour améliorer l'image, il est recommandé de peindre l'intérieur du tube en noir.

• Pour fixer les lentilles, aide-toi de pâte à modeler ou de ruban adhésif.

• La mise au point se fait en coulissant les tubes l'un dans l'autre.

Bien sûr, il existe des modèles de lunettes astronomiques tout prêts dans le commerce, mais si tu veux savoir ce que Galilée a ressenti quand, il y a trois cents ans, il mit l'œil sur sa lunette… lance-toi !

Petite histoire de la fusée

La fusée, inventée par les Chinois, fit son apparition sur les champs de bataille en 1232, lors d'une confrontation avec les Mongols. Au xve siècle, elle arriva en Europe mais fut supplantée par l'artillerie et ses succès. Au cours de la Première Guerre mondiale, elle fit son retour sur les champs de batailles. Les V1 et V2 lancés par les Allemands qui tombèrent sur Londres marquèrent les vrais débuts des fusées modernes. Aujourd'hui, les fusées sont utilisées pour lancer satellites ou spationautes. Elles décollent régulièrement de Chine, d'Inde, de Russie, d'Amérique et de Guyane.

La fusée

Toujours plus haut !

Te voilà à la veille d'un grand moment ! Tu vas partir à la conquête de l'espace en construisant ta fusée. Quatre, trois, deux, un, c'est parti !

Héros !

Tu es à deux doigts d'entrer dans l'Histoire ! Après Jules Verne, qui fit voyager ses héros de la Terre à la Lune, après Hergé qui envoya Tintin sur la Lune, après *Apollo 11* qui, en juillet 1969, emmena pour la première fois des hommes marcher sur la Lune, c'est à ton tour de découvrir l'espace et ses trésors !

Risques

Les vraies fusées s'élèvent dans le ciel grâce à des quantités impressionnantes de produits très explosifs. Il n'est pas question pour toi de jouer avec ces produits, les risques de se blesser ou même pis, sont immenses ! Notre moteur sera donc à l'eau et à l'air comprimé, et le seul risque que tu vas prendre sera de voir la fusée te retomber dessus une fois son ascension terminée !

Moteur à eau !

Pour fabriquer ta fusée :

• Prends deux bouteilles en plastique de boissons gazeuses. Vide-les, découpe le haut de l'une pour faire la tête de la fusée.

• Découpe dans du carton fort des ailerons que tu fixeras sur les bords de la bouteille. Ces ailerons décoreront la fusée et, s'ils sont bien droits et bien fixés, stabiliseront son vol. Ils l'aideront à avoir une trajectoire bien droite et elle ira donc le plus haut possible.

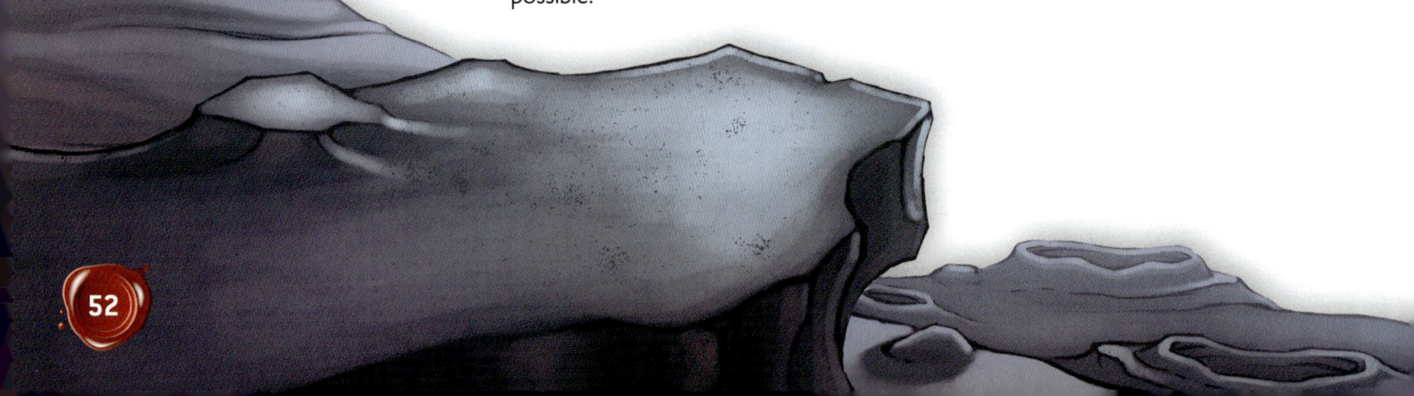

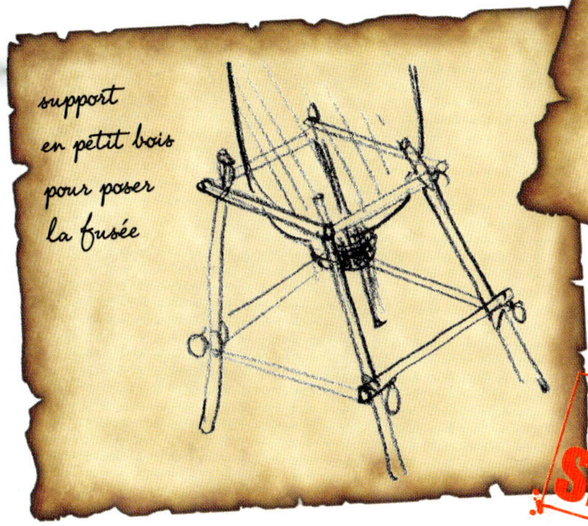

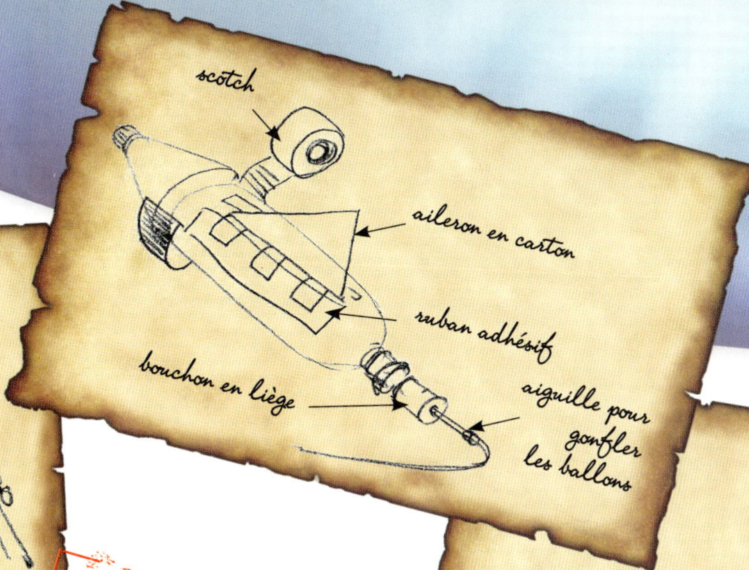

- Construis une petite base en bois, en bambou par exemple, sur laquelle viendra se poser la fusée. Ce sera sa base de lancement !
- Remplis la bouteille à environ un quart de sa hauteur.
- Dans un bouchon en liège, fixe une aiguille à gonfler les ballons.
- Enfonce ce bouchon dans le goulot de la bouteille dirigée vers le bas et mets la bouteille en place sur sa base.

Cinq, quatre, trois, deux, un...

- Commence le compte à rebours.
- En même temps, pompe avec énergie…
- … jusqu'à ce que, tout à coup, la bouteille se décroche de sa base et s'élève dans les airs. Jusqu'à 50 m de haut ! Bravo ! Tout le staff de la Nasa applaudit avec toi !

Explication scientifique

Ta fusée est propulsée par l'air comprimé. C'est l'air que tu envoies avec la pompe qui s'accumule dans la bouteille et qui va finir par expulser le bouchon. La fusée est poussée vers le haut et l'eau qui s'y trouvait est expulsée.

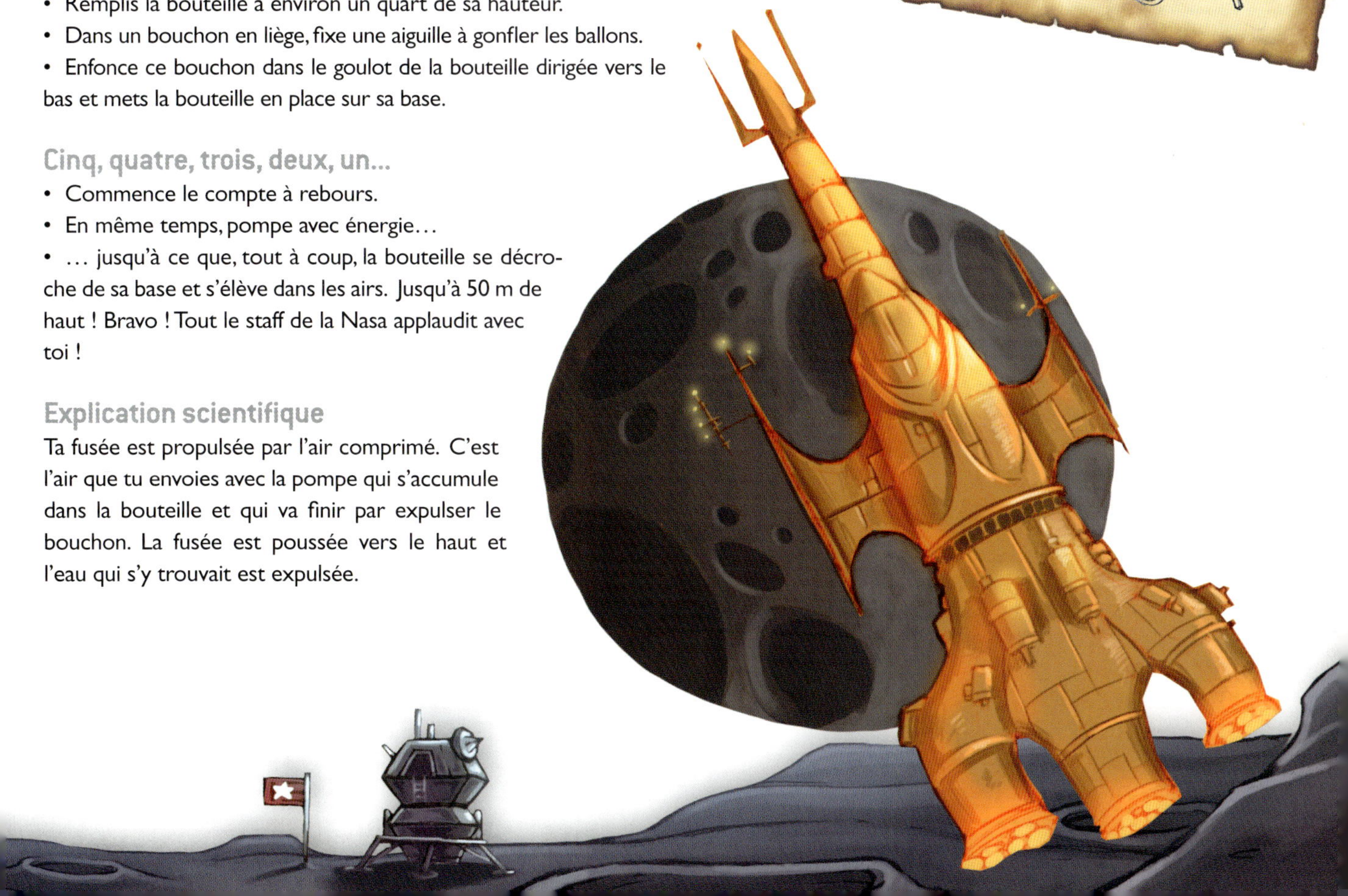

Fabrique ton cerf-volant

Ah, voler !

Voler est sans doute l'un des plus anciens rêves de l'homme. Mais avant de t'envoler dans les cieux, regarde voler ton cerf-volant !

Un doux rêve

Depuis Icare, ce héros antique qui se construisit des ailes avec des plumes et de la cire, jusqu'aux frères Wright qui, en 1903, effectuèrent le premier vol en avion, les hommes ont toujours eu le nez au vent. À défaut de pouvoir voler eux-mêmes, ils fabriquent des cerfs-volants depuis près de 2500 ans, les regardent voler et, quelquefois, s'envolent avec eux.

Un sac-poubelle qui vole !

À ton tour de conquérir le ciel et de te fabriquer un cerf-volant digne de ce nom. Commence par réunir les matériaux nécessaires à sa réalisation :

• Pour la voilure : un matériau ultra technologique ! Un sac-poubelle noir résistant de 100 litres !

• Pour le fil : une matière résolument moderne, la ficelle à rôti !

• Un gros rouleau de papier collant marron de 5 cm de large, deux petits anneaux métalliques et trois baguettes de bois de 1 m de long et 3 mm de diamètre !

Pas à pas

• Commence par construire, avec les baguettes de bois et la ficelle, la structure qui sera la base du cerf-volant. Croise les baguettes et noue-les ensemble aux points de croisement.

• Pose cette base sur le plastique du sac mis à plat.

• Accroche un anneau métallique autour de la tige centrale dans sa partie basse. Il servira à attacher la queue du cerf-volant.

• À l'extrémité de chacune des baguettes, fais une petite encoche qui permettra de passer la ficelle qui fera le tour du cerf-volant et en assurera la rigidité et la solidité.

Des records !

Le plus long cerf-volant mesurait 1034 m et vola en France en 1990. Le plus grand fut néo-zélandais et mesurait 1000 m², soit environ 4 courts de tennis. Le plus long vol dura 180 heures et 17 minutes, et la vitesse la plus rapide atteinte officiellement est de 127 km/h.

Un pont qui vole!

En 1848, la construction du pont des chutes du Niagara fut rendue possible grâce à un cerf-volant. Un premier filin fut passé d'une rive à l'autre en cerf-volant, à ce premier filin fut accrochée une corde qui permit à son tour de passer un câble, et ainsi de suite jusqu'à la construction d'un pont suspendu.

• Tout autour du cerf-volant, pour maintenir la toile à la ficelle, mets du ruban adhésif, qui sera replié moitié au-dessous, moitié au-dessus.

• Sous les baguettes, aux deux endroits où elles se croisent, colle aussi des morceaux de ruban adhésif afin de renforcer ton système.

• Fabrique un dévidoir avec un morceau de planche et deux morceaux de manche à balai comme indiqué sur le croquis. Enroule la ficelle autour et attache-la à l'anneau que tu auras fixé sous le cerf-volant.

• Il ne te reste plus qu'à fabriquer une longue queue constituée d'une série de papillotes de morceaux de sac-poubelle attachés sur un fil. Sa longueur pourra aller jusqu'à 30 m. De cet appendice dépendra la stabilité de ton cerf-volant et, plus le vent sera fort, plus tu devras l'allonger !

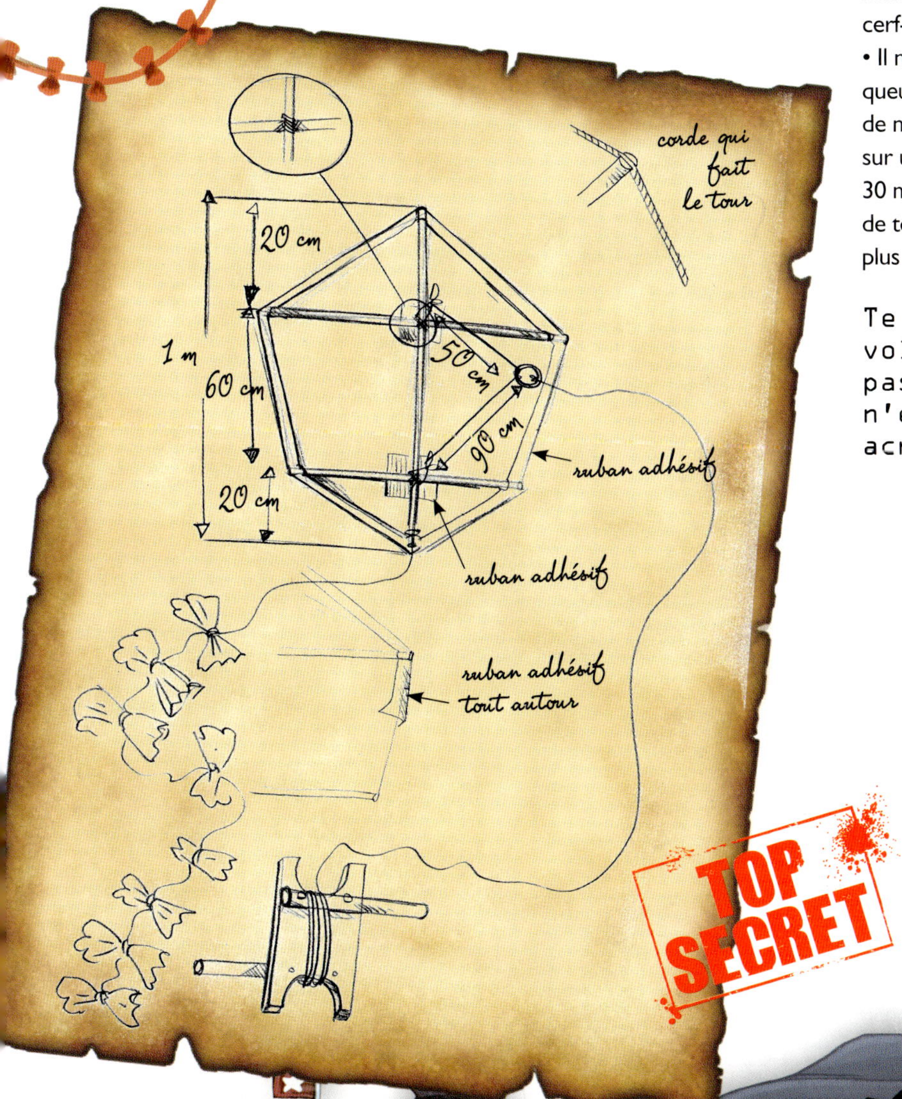

Te voilà prêt pour un vol qui, s'il n'est pas intersidéral, n'en est pas moins acrobatique !

La tête dans les étoiles

Cassiopée, Antarès...

Pour mieux voir les étoiles !

- Le mois d'août est la meilleure période pour les observer.
- Attends deux heures après le coucher du soleil pour commencer l'observation : il faut que la nuit soit bien noire.
- Évite les nuits de pleine lune : sa lueur éblouissante masque les étoiles. Éteins toutes les lumières autour de toi. Si tu utilises une lampe de poche, recouvre-la d'un papier ou d'un tissu rouge.
- Sois patient ! Il faut au moins quinze minutes pour que tes yeux s'habituent à l'obscurité et que ta pupille s'ouvre.

Installe-toi avec tes copains sur une couverture, regardez le ciel et partez pour un long voyage dans l'espace...

Direction la Voie lactée !

Le ciel, c'est un drôle de fouillis d'étoiles ! Mais sais-tu que chacune a sa place et son nom ? Un vrai aventurier de l'espace se doit de les connaître ! Lève la tête... Au-dessus de toi s'étale la Voie lactée : toutes les étoiles de notre galaxie. Elles sont si nombreuses qu'elles se confondent en un voile laiteux qui leur a valu ce nom.

Les constellations

La plupart des étoiles forment de petits groupes dans le ciel, les constellations. Chacune a un dessin particulier, qui permet de l'identifier. Repère le nord (et le sud) avec ta boussole et place le livre au-dessus de ta tête, en l'orientant dans la bonne direction : cela te permettra de mieux les situer.

- Au nord, tu apercevras la Grande Ourse et la Petite Ourse. Tout au bout de la Petite Ourse brille l'étoile Polaire. À droite (vers l'est), tu verras un drôle de W : c'est la constellation de Cassiopée.
- Au sud, tu peux admirer la constellation du Sagittaire. Les Grecs de l'Antiquité y voyaient un centaure, une créature moitié homme, moitié cheval. À côté, essaie de repérer la constellation du Scorpion avec sa forme particulière. Presque à l'extrémité de la queue luit une grosse étoile rouge : c'est Antarès.
- Au zénith, à la verticale du ciel, tu apercevras trois étoiles très brillantes, disposées en triangle : ce sont Véga (qui est bleue), Altaïr et Deneb. Elles forment le Triangle d'été. Chacune a sa propre constellation : la Lyre pour Véga, l'Aigle pour Altaïr et le Cygne pour Deneb.

Étoiles d'été, étoiles d'hiver !

Toutes les étoiles de notre galaxie ne sont pas visibles en même temps. Selon la position de la Terre, certaines apparaissent ou disparaissent. Par exemple, la constellation du Gémeaux avec ses deux étoiles brillantes, Castor et Pollux, n'est visible qu'en hiver.

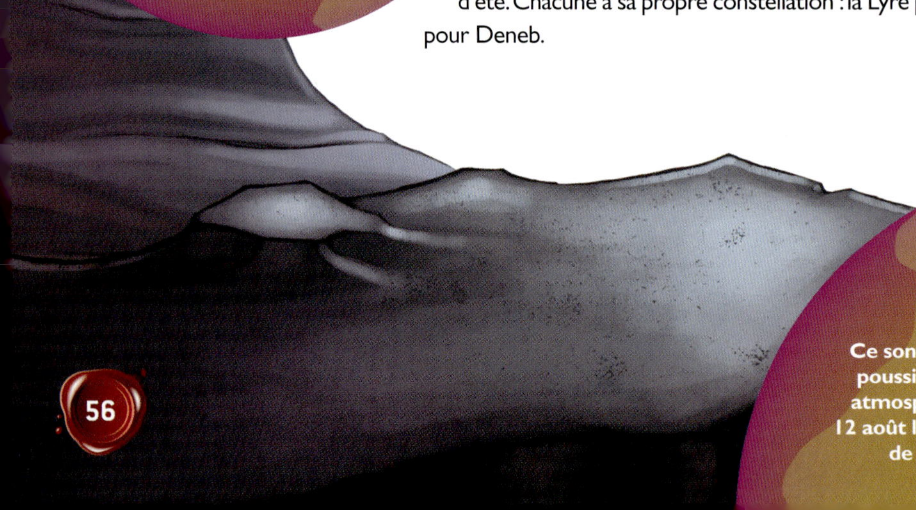

Et les étoiles filantes ?

Ce sont des débris de comète, pas plus gros que des poussières, qui prennent feu en entrant dans notre atmosphère. Tu en verras plein les soirs du 10, 11 et 12 août lorsque, chaque été, la Terre traverse un champ de débris spatiaux en passant près du Soleil.

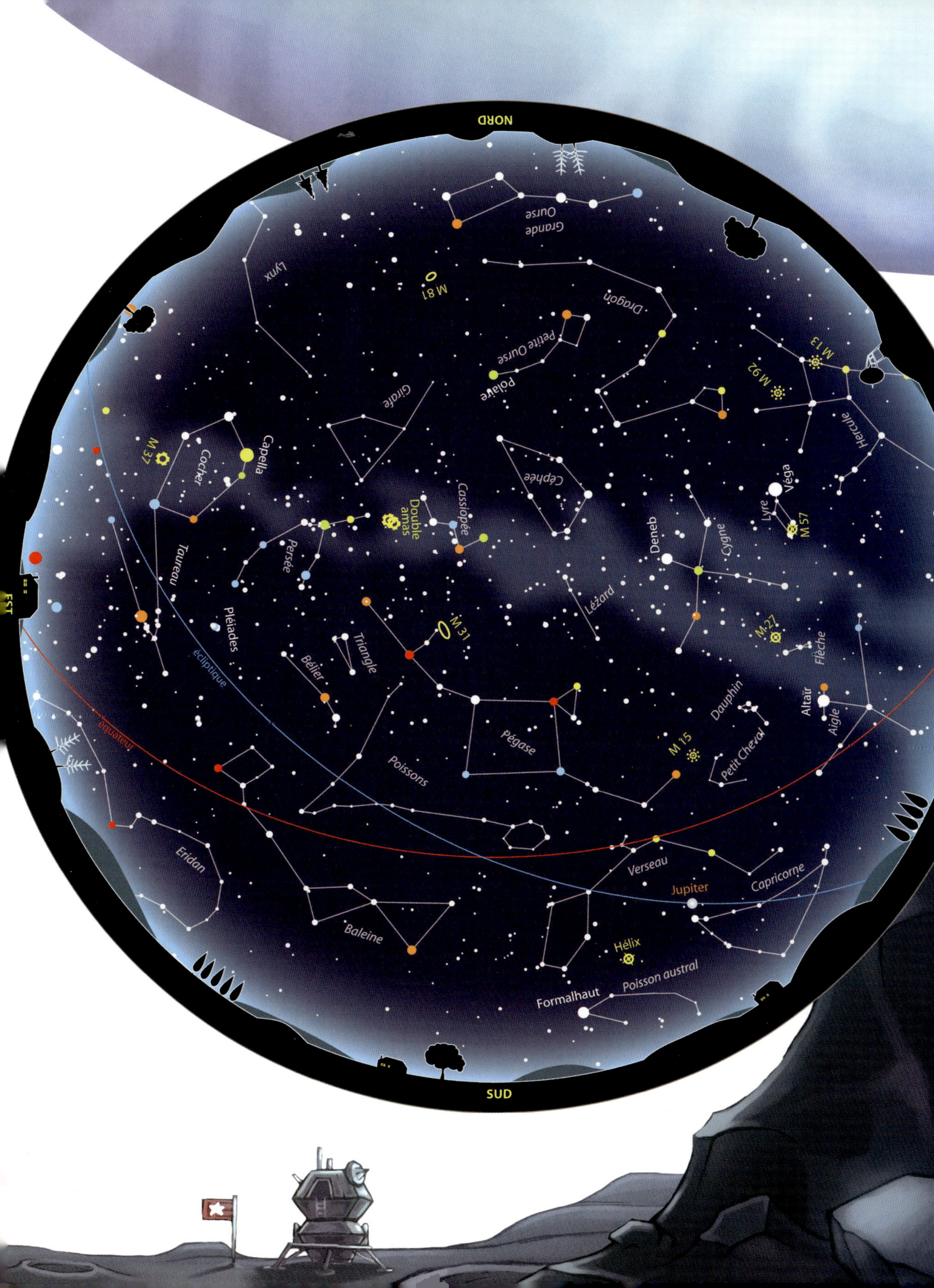

Carte du ciel du 15 décembre 2009 à 19h à la montre et pour une latitude d'environ 45° Nord en France.

Un repas de spationaute

Cuisine de haut vol !

tout seul ou à plusieurs

Bien sûr, on ne va pas là-haut pour y déguster de bons petits plats ! Mais on peut quand même bien manger dans la stratosphère !

Un trois-étoiles dans l'espace !

Au début de la conquête spatiale, dans les années 1960, la nourriture n'était ni bonne ni variée. En cube ou en poudre à délayer avec de l'eau, en pâte dans des tubes d'aluminium, les spationautes devaient s'en contenter ! Au fil des années, la technique s'est améliorée et aujourd'hui, on peut manger dans l'espace des purées de légumes ou des crevettes, du pudding ou du poulet !

Ça vole !

Mais attention à l'apesanteur, qui permet au poulet même très cuit de s'échapper en volant de son assiette ! Les liquides sont toujours pris à la paille et, même si le goût s'est amélioré, les plats sont toujours enfermés dans des sachets en plastique ou en aluminium et ils sont présentés en portions individuelles.

Top secret · Top secret · Top secret

Prépare ton repas de spationaute

• Remplis des gobelets de jus d'orange, ferme-les avec du film alimentaire et plante une paille dedans. Attention, ne choisis surtout pas des boissons gazeuses ! Dans l'espace, c'est la catastrophe !

• Pas de fruits non plus, ils voleraient dans la cabine et tu ne pourrais pas les manger !

• Prépare plutôt toi-même des barres de céréales, en suivant la recette ci-contre.

TOP SECRET

APPROVED

Ingrédients

150 g de corn flakes
200 g de Végétaline (graisse végétale)
250 g de chocolat noir
200 g de sucre glace

COPY

1. Fais fondre la Végétaline à feu doux dans une casserole.
2. Ajoute le chocolat et le sucre, tout en remuant.
3. Hors du feu, verse les pétales de corn flakes dans la casserole de chocolat. Mélange bien.
4. Sur une assiette, dispose les barres de céréales aux corn flakes.
5. Laisse durcir 30 min au réfrigérateur.
6. Emballe chaque barre dans du papier d'aluminlum pour faire des vraies portions individuelles de spationaute !

Et voilà de bonnes barres de céréales pleines d'énergie à déguster avec les copains dans la navette spatiale !

Passe-moi le sel !

Pas question de saler son plat avec une salière classique, les grains de sel resteraient en l'air, voleraient dans la cabine, mais ne toucheraient jamais l'assiette. Pareil pour le poivre ! Aussi le sel est-il dilué dans de l'eau et le poivre, dans de l'huile !

LES ROBINS

TOP SECRET

DES BOIS

Il y a rebelle et rebelle ! Il y a ceux qui se réfugient au fond de la forêt une fois leurs méfaits accomplis. Et puis il y a toi, Robin des bois, le héros au grand cœur qui défie les autorités !

Si tu es devenu le héros de tout un pays, c'est pour rétablir une justice mise à mal par un perfide Prince Jean, un cruel shérif de NottinGham, et toute leur clique !

Attaquant les troupes du prince et redistribuant les vivres et les richesses, toi et ta bande allez d'escarmouches en embuscades ! Ta vie est maintenant celle d'un fugitif, dont le campement est caché au plus profond de la noire et touffue forêt de Sherwood ! Elle est rude mais l'amitié et la fidélité de tes compagnons, ainsi que la certitude d'agir pour le bien vous permettent d'oublier le manque de confort !

Robin des bois, c'est toi !

Deviens le justicier des bois !

Que serait Robin sans son chapeau et ses flèches !

Il te faut :

1. Un chapeau en feutre vert, avec une plume qui le transperce. C'est toujours mieux que les flèches du shérif de Nottingham !
2. Une tunique verte, de la couleur de la forêt, pour se fondre dans le paysage et demeurer l'homme le plus recherché du comté !
3. Une surchemise plus épaisse ou un chaperon, pour ne pas attraper froid car les sous-bois sont humides et la nuit tombe vite sur la forêt de Sherwood !
4. Un collant ou un pantalon ajusté, car lorsque les sbires du shérif de Nottingham te poursuivent, il ne s'agit pas d'être ralenti dans ta course par des branches et des arbustes qui se prennent dans tes vêtements !
5. Une bourse pour récolter les sous que tu voleras aux riches pour les donner aux pauvres.
6. Un couteau pour délier les liens que le shérif ne manquera pas de nouer autour de tes pieds et de tes poignets s'il te fait prisonnier !
7. Un bâton pour te défendre si le combat est rapproché et que tes attaquants sont munis d'épées !
8. Des chaussures confortables, faites à ton pied, pour grimper aux arbres, courir comme un lapin et semer ceux qui te recherchent pour toucher la récompense !
9. Et dans ton dos, cachés, un arc redoutable et des flèches acérées, pour toi qui ne manques jamais ta cible et la vises avec ta vue précise de faucon !
10. Une forêt, profonde et mystérieuse, impressionnante pour beaucoup, mais familière pour toi car tu en connais le moindre recoin, la moindre cachette.

7
1
9
3
2
5
6
4
10
8

Ton arc et tes flèches

Droit dans le mille !

Des flèches qui marquent l'histoire !

En 1346, les archers anglais battent à plate couture la chevalerie française. Les armées de la France étaient pourtant appuyées par des arbalétriers génois, mais ils furent rendus inefficaces par la lenteur du mécanisme et la fragilité du cordage en cheveux.

tout seul ou à plusieurs

Robin des bois sans son arc, ce n'est pas possible ! Alors, avant de t'enfoncer dans les bois et d'entrer en rébellion, allons ensemble te fabriquer un arc !

Un bel arc

1. Choisis d'abord le bois de ton arc. L'if est l'idéal, mais il est difficile à trouver ! Tu peux te rabattre sur du noisetier ou du frêne. Dans tous les cas, il te faut une tige droite et régulière d'environ 2 m de long et 2,5 cm de diamètre (1).
2. Pour donner de l'élasticité à ton arc et le rendre plus puissant, il faut le raboter en haut et en bas de façon équilibrée, mais sur un seul côté ! (2)
Le « dos », c'est-à-dire la partie externe de l'arme ne doit pas être touché, sous peine de voir ton arc se casser !
3. Taille ensuite les extrémités pour pouvoir fixer la corde.
4. Pour la corde, choisis du fil de Nylon.
5. Pour assurer un parfait équilibre à ton arc, tiens-le au milieu, tire sur la corde et observe la courbure du bois ! Si elle est bien régulière, ta flèche sera puissante et précise ! (3)

Arc de héros !

Dans la mythologie, Cupidon es dieu de l'Amour. Il est représen sous les traits d'un jeune enfant potelé et ailé qui, grâce à son arc, décoche des flèches d'amour ! Guillaume Tell envoie, lui aussi, des flèches, mais avec une arbalète. Il est le héros national suisse, et il est connu pour avoir planté un carreau d'arbalète dans une pomme qui était posée sur la tête de son fils !

Suis la flèche !

1. Pour de belles flèches, il faut des tiges de bois d'environ 50 cm de long et 1 cm de diamètre.
2. En bois dur de préférence, elles seront taillées en pointe du côté destiné à se planter dans la cible, et empennées de l'autre. L'empennage consiste à placer une plume taillée dans le fût de la flèche préalablement fendue.
3. La plume est ensuite maintenue avec un fil qui resserre le fût de la flèche.

Précautions d'usage

Aujourd'hui sport de compétition, distraction ou arme de chasse d'agrément, l'arc a pendant des millénaires été l'instrument de survie de bien des hommes ! Il reste un objet dangereux capable de blesser. C'est pourquoi il convient de le manier avec prudence et de ne jamais viser personne. Avant de prétendre chasser à l'arc, un rude entraînement s'impose. Fabrique-toi une cible pour te préparer à affronter le shérif de Nottingham et ses sinistres sbires !

Voir, lire, écouter !

Robin des bois a inspiré une multitude de films et de livres et tu n'auras que l'embarras du choix. *Le Seigneur des anneaux*, célèbre roman de Tolkien, met en scène un autre archer mythique, l'elfe Legolas, dont les aventures ne manqueront pas de te séduire, en film ou en livre.

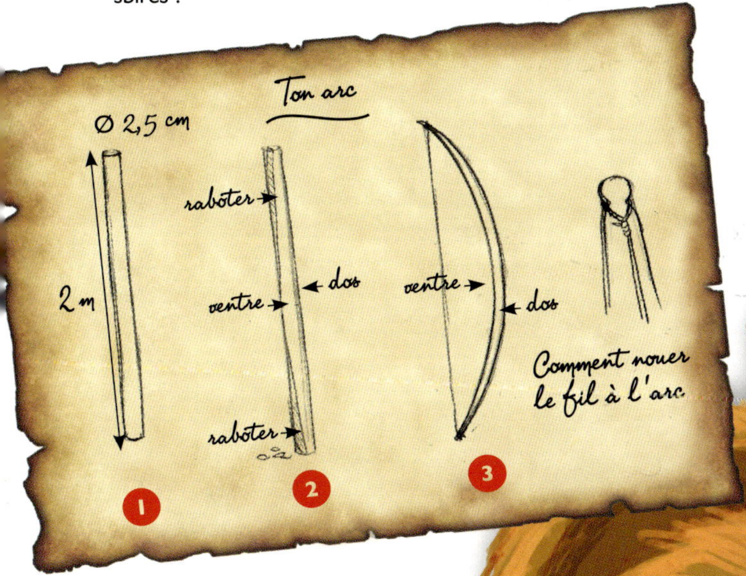

Arbres et plantes

Connais ton environnement !

La nature recèle de grandes richesses, mais aussi de puissants dangers pour ceux qui ne la connaissent pas assez !

Promenons-nous dans les bois...

Quand vient le soir, Robin et la douce Marianne aiment à se promener dans le sous-bois. L'atmosphère est paisible, la présence de tous ces arbres et de toutes ces plantes est reposante, c'est un grand moment de paix ! Et pourtant, si tu savais ! Les arbustes les plus inoffensifs peuvent être les plus toxiques et ces baies que tu t'apprêtes à manger risquent de t'empoisonner !

Un bouquet de... poisons !

• Le houx et le gui sont les traditionnels invités de nos fêtes de fin d'année, il leur arrive même de décorer nos tables ! Mais ne mange surtout pas leurs baies !

• Il en va de même des feuilles de laurier pourtant présent dans presque toutes nos campagnes et jardins ! Le beau laurier-rose, arbuste qui fait la fierté des jardiniers, est lui aussi dangereux.

• Les fruits rouges de l'if tuent un cheval en un rien de temps.

• L'arum sauvage, qui fait de si belles fleurs blanches dans nos sous-bois, produit aussi une sorte de grappe de fruits rouges empoisonnée !

Mais que nous reste-t-il de bon ?

Plantes médicinales

La chélidoine est une plante aux jolies fleurs jaunes qui, quand on casse une de ses tiges, sécrète un jus jaune d'or ! Un peu de ce jus chaque matin sur une verrue, et elle finit par sécher et disparaître !

peuplier

chêne

châtaignier

Toxique ou actif...

Beaucoup de plantes sont dangereuses mais heureusement pas toutes, et la nature sait se montrer bienfaisante. Regarde les arbres autour de toi :

• Le tilleul fournit un bois léger qui sert à construire des claviers de piano, à fabriquer des crayons ou des chevaux de bois, et aussi à préparer des tisanes grâce à ses fleurs séchées.

• Le noyer nourrit grâce à ses fruits, les noix, et les ébénistes recherchent son bois pour fabriquer des meubles.

• Le chêne est un excellent bois de construction et de chauffage. Il sert aussi à fabriquer les tonneaux des plus grands crus, auxquels il donne son tanin et un peu de son goût.

• Le châtaignier est prodigue en fruits et son bois, quand il sert à faire une charpente, en éloigne les araignées.

• Le noisetier donne bien sûr des noisettes, mais aussi la fameuse baguette du sourcier qui permet de trouver de l'eau.

• Et pour finir, sais-tu que c'est de l'écorce d'un arbre, le saule, que l'on tire l'acide acétylsalicylique, plus connu sous le nom d'aspirine...

charme

Te voilà maintenant averti et prêt à des promenades attentives en forêt. Regarde bien les arbres et apprends à les reconnaître. Il y a mille richesses à cueillir, à ramasser, à utiliser dans la forêt mais, en cas de doute, il faut toujours demander conseil à quelqu'un qui s'y connaît vraiment. Prudence oblige !

érable

hêtre

En suivant les empreintes...

Il est passé par ici !

La forêt et ses alentours sont des lieux de passage. Souvent invisibles des hommes qu'ils craignent, des animaux vont et viennent, laissant leurs empreintes dans le sol comme seul témoignage de leur existence. Pour Robin et sa bande, savoir reconnaître les traces de gibier est essentiel !

Trouver la trace

Une grande partie des animaux sauvages se déplace la nuit. C'est donc au petit matin que tu as le plus de chances de tomber sur de belles empreintes fraîches qui te permettront de réaliser de beaux moulages. Promène-toi le nez au sol sur les chemins de forêt et dans toutes les zones humides où les sols marquent bien.

Autres traces

Les animaux ne laissent pas seulement leurs empreintes dans la forêt. Il y a par exemple les pelotes de réjection : ce sont de petites pelotes de poils et d'os que les rapaces nocturnes ont régurgitées et laissent près de leur nid. Au printemps, les cerfs perdent leurs bois. Avec un peu de chance, il est possible de les retrouver abandonnés dans la forêt !

Moulage

- Avant de partir, prépare ton matériel à empreintes : un récipient en plastique, du plâtre, des bandes de carton souple, des trombones, une vieille brosse à dents, de l'eau et de quoi mélanger plâtre et eau.
- Fais du plâtre. (1)
- Réalise le moule en t'aidant du croquis ci-dessous. (2)
- Quand le plâtre est coulé dans l'empreinte (3), laisse-le sécher un quart d'heure, retourne-le et nettoie-le délicatement avec la brosse. (4)
- Une fois revenu chez toi, tu peux peindre le moulage pour le rendre plus réaliste et faire ressortir les volumes !
- Quand ton moulage est fini, n'oublie pas d'indiquer à quel animal appartient cette empreinte, ainsi que l'endroit et la date où elle a été trouvée.

Tu peux maintenant collectionner les trophées !

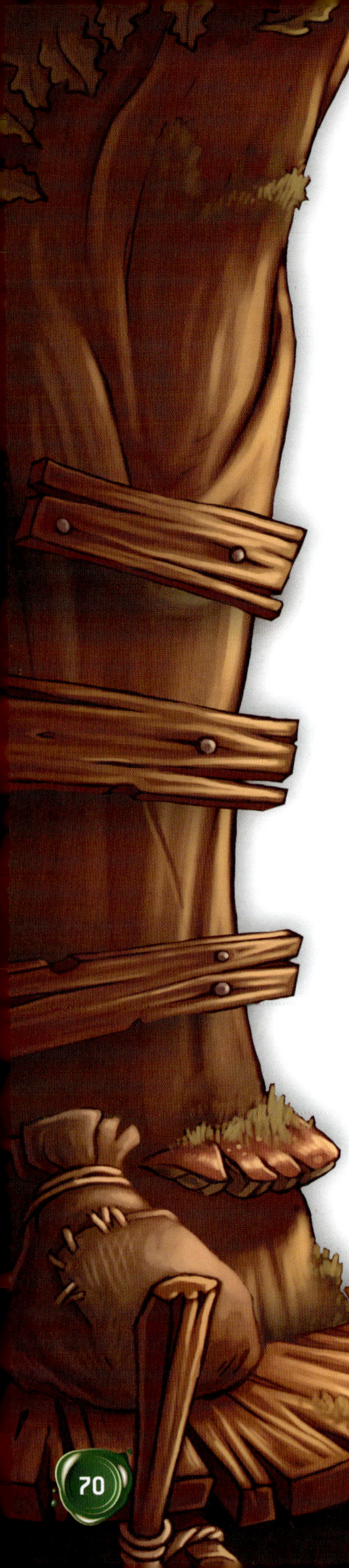

Baies et champignons

On a faim !

Se promener en forêt sans panier, c'est comme partir à la pêche sans canne ! Impensable pour Robin et ses amis, qui ont un féroce appétit !

La forêt nourricière

Dans la forêt, selon les saisons, il y a toujours des choses à ramasser et d'autres à cueillir pour nourrir des aventuriers ! Le marché est ouvert. Mais avant de partir à l'aventure, mieux vaut s'informer un tout petit peu et ne pas rapporter n'importe quoi.

Les baies

Cachée sous les fougères et sous les herbes, en bordure de forêt et des chemins, il y a la fraise des bois. Plus petite que la fraise que l'on trouve au marché, elle est aussi plus parfumée ! Toujours au ras du sol, mais plutôt en montagne, la myrtille, petite boule noire très savoureuse. Sur un arbrisseau, la framboise sauvage, et sur un arbuste encore un peu plus haut, la mûre ! À toi de choisir, de mai à juin, il y a toujours des baies en forêt !

Champignons

Le roi de l'automne, c'est le champignon ! Mais attention, il est exigeant et ne supporte pas que l'on se trompe à son sujet ! Un mauvais choix et le roi vous tue !

• Le plus simple avec les champignons, c'est d'apprendre avec quelqu'un qui s'y connaît, de ne jamais consommer immédiatement un champignon et de toujours montrer sa récolte à un spécialiste, le pharmacien par exemple.

• Quand tu pars à la cueillette, munis-toi de deux paniers, un pour les champignons dont tu es sûr et un pour ceux dont tu doutes. De cette façon, il n'y aura pas de contact entre eux !

• Ne cueille pas les trop petits qui sont plus difficiles à identifier.

• En cas de douleurs après avoir mangé des champignons, appelle le centre antipoison de ta région et ne panique pas.

Les champignons comestibles de nos forêts

Le cèpe. Peut-être le plus connu et le plus répandu des champignons de nos sous-bois. Jeune, il est rond et se met très vite à ressembler à un bouchon de champagne. Son chapeau va de la couleur noisette jusqu'au brun-rouge soutenu, en fonction de l'arbre sous lequel il pousse. Sous son chapeau, il n'a pas de lamelles mais de la mousse.

La girolle. Dès la fin mai, on peut la trouver dans les sous-bois. Elle est jaune et a une forme de trompette. Particulièrement poreuse, elle agit comme une éponge. Il ne faut donc surtout pas la laver à l'eau sous peine de lui faire perdre tout son goût. Il suffit de bien l'essuyer ou de la gratter avec un couteau.

La trompette-de-la-mort. Appelée ainsi en raison de sa forme et de sa couleur noire, elle pousse dans les forêts de feuillus où elle se cache sous les feuilles mortes.

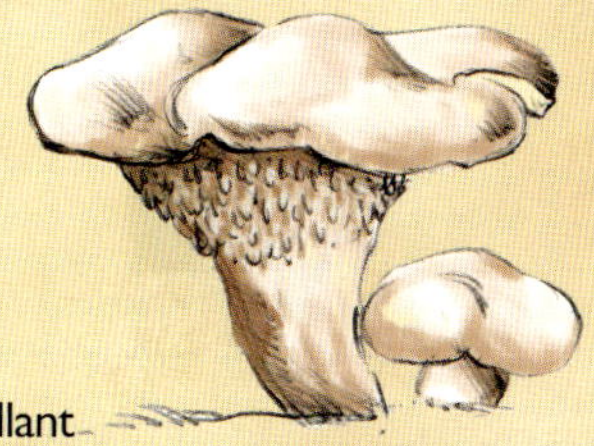

Le pied-de-mouton. Il pousse en colonie circulaire dans les sous-bois de conifères ou de feuillus, avec une prédilection pour les hêtres. Les gros sujets deviennent amers, aussi faut-il les cueillir jeunes.

Le rosé-des-prés. On le trouve à la fin de l'été dans les prairies accueillant chevaux ou vaches. Il est blanc, son chapeau abrite des lamelles rose pâle. Il se consomme aussi bien cuit que cru, en salade.

Le mousseron. De son vrai nom tricholome de la Saint-Georges. Il pousse souvent en rond de sorcières. Il doit son appellation au fait d'apparaître au printemps, non loin de la Saint-Georges, le 23 avril.

La coulemelle. Son chapeau est rond quand il est jeune et s'étale ensuite largement en un parasol qui peut atteindre 30 cm. De couleur blanche, il est couvert d'écailles brunes.

La morille. Elle apparaît dès la fonte des neiges. Elle doit être bien cuite car crue, elle est toxique. Son curieux chapeau est brun et s'élève tout alvéolé et caoutchouteux.

La truffe. Elle se cache au pied de certains chênes. Mets particulièrement recherché, son prix est exorbitant. Pour la trouver, on dresse des chiens et des cochons qui la reniflent, car ce précieux champignon pousse sous terre.

L'eau de Robin

DANGER

On a soif !

Réfugiés au fond de la forêt, toi et ta bande de hors-la-loi avez trouvé de quoi vous nourrir. Mais il vous manque de l'eau et sans eau, il n'y a pas de survie possible !

À l'eau maman bobo !

Suivant les lieux, l'eau est plus ou moins abondante, mais il est de toute façon très rare qu'elle soit potable sans un minimum de précautions. Indispensable à ta survie d'aventurier des bois, elle peut aussi se révéler ta pire ennemie et te transmettre toutes sortes de maladies ! Du simple dérangement intestinal à la dysenterie en passant par le choléra, il y a le choix !

Au feu !

La première chose qui vient à l'esprit, c'est de faire bouillir l'eau. C'est une très bonne idée, mais il y a d'autres solutions :

• **Première option :** laisse l'eau décanter dans une bouteille, c'est-à-dire laisse-la reposer pour que tous les éléments lourds en suspension se déposent au fond du récipient. L'idéal est de pratiquer une décantation de douze heures ! Récupère ensuite l'eau propre en faisant bien attention de ne pas remuer le dépôt qui est tombé au fond du récipient ! On peut aussi utiliser un filtre à café ou bien un linge propre qui retiendra le plus gros des saletés. Sur ce principe de décantation, tu peux aussi réaliser un piège à eau en t'inspirant du croquis ci-contre.

tout seul ou à plusieurs

• Deuxième option : le filtrage actif. Suis le croquis ci-contre et réalise un véritable filtre au charbon actif. Les morceaux de charbon que tu auras récupérés dans ton feu absorberont les composants chimiques présents dans l'eau, le tissu filtrera les fines particules.

• Troisième option :
Fais bouillir l'eau. Laisse-la refroidir et agite énergiquement avant de boire pour la ré-oxygéner !

Te voilà avec une eau digne des plus grandes tables qui devrait permettre à ta bande d'aventuriers des bois de survivre au fond de la forêt !

TOP SECRET

Où trouver de l'eau ?

En montagne, ne mange pas la neige telle quelle mais tu peux la faire fondre pour la boire. Creuse dans le lit des torrents à sec. Des poches d'eau restent sous le gravier. Au bord de la mer, creuse un trou à 30 m de la ligne de marée haute, tu récupéreras une eau saumâtre, mais filtrée par le sable.

Le feu des aventuriers

Attention ! Étincelles !

Pour les rebelles qui campent au fond des bois, pas question de chauffage central ou de micro-ondes !

Éloge du feu

Chez les aventuriers, un bon feu fait office de radiateur, de cuisinière, et aussi d'éclairage ou de télévision ! En fait, c'est autour du feu que se déroule la vie de ceux qui vivent au grand air ! C'est aussi une façon de se rappeler que, pendant des millénaires, il a été la condition de survie de nos ancêtres et que protéger le feu était vital.

Du bois, du bois, du bois...

Un bon feu, c'est avant tout du bon bois ! Sec et fin, voilà les caractéristiques du bois qui permettra de bien démarrer ton feu ! Et s'il pleut, où vas-tu trouver du bois sec ? En l'air ! Cherche des branches mortes encore accrochées à leur arbre et casse-les en petits morceaux, voilà qui fera l'affaire !

DANGER

Du feu sans allumettes

Quand les rayons du soleil traversent une loupe ou des verres de lunettes épais, ils se concentrent en un endroit et provoquent une forte source de chaleur. En déplaçant le verre près d'une feuille très sèche ou d'une brindille, tu trouveras le moment où la lumière est la plus concentrée et donc la chaleur la plus intense... Il ne reste plus qu'à attendre et, bientôt, un peu de fumée et une flamme apparaîtront.

feu de veillée

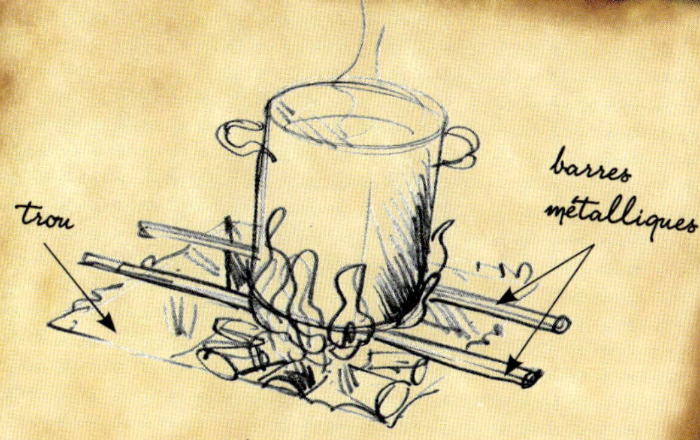

feu creusé (pour la cuisine)

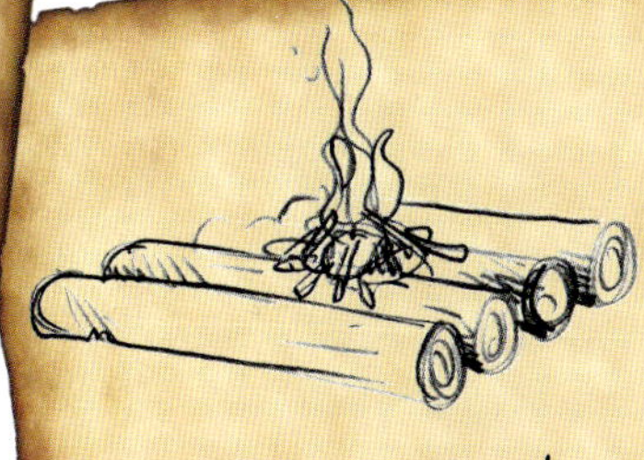

feu sur sol humide

feu réchauffant (pour réchauffer une tente)

Prépare ton feu

Un feu qui démarre bien et par tous les temps est un feu bien construit !

- En premier, du papier journal que tu froisses en boules généreuses.
- Place dessus de toutes petites brindilles.
- Puis des plus grosses.
- Surtout ne te presse pas avant de mettre de grosses bûches et attends sagement que le feu ait vraiment pris.
- La construction du feu est un jeu d'équilibre : trop d'air, le feu s'éteint ; trop de bois, le feu s'éteint… L'expérience venant, tu apprendras très vite l'art du feu !

Un feu, oui, mais lequel ?

- Si tu fais une veillée autour du feu, construis-le comme une tente indienne. Les flammes seront hautes et éclaireront l'assemblée.
- Si tu veux cuisiner, préfère un feu à plat entre des grosses pierres, ou même dans un trou que tu auras préalablement creusé dans le sol.
- Si le sol est trop humide, pose ton feu sur des pierres ou sur des rondins de bois.
- Si tu es sur la neige, à défaut de planches ou de rondins, des branches de sapin feront l'affaire ! N'hésite jamais à entourer ton feu de grosses pierres pour empêcher les braises de rouler et au feu de se propager à des herbes alentour ou à tout autre chose !

Attention danger !

Le feu brûle. Cela peut paraître une évidence, mais c'est surtout une réalité à ne jamais oublier. Un feu de forêt se propage très vite, aussi faut-il respecter des règles de sécurité :

- Avoir l'autorisation d'un adulte pour faire du feu.

- S'assurer que l'endroit est propice à l'allumage d'un feu et que cela y est autorisé.

- Avoir toujours de l'eau à proximité pour pouvoir éteindre le feu s'il s'étend.

Allume-feux

Prends les vieilles bougies de la maison et fais-les fondre dans une casserole, à feu très doux (et en présence d'un adulte). Trempe dans la cire fondue des petits paquets de papier journal que tu auras ficelés (environ 10 cm sur 10 cm et 1 cm d'épaisseur). Quand le papier est imbibé, retire-le et laisse sécher. Tu as les meilleurs allume-feux que l'on puisse imaginer et la satisfaction de les avoir faits ! Chacun de ces paquets posé au départ d'un feu brûlera facilement et durablement, le temps pour le bois de prendre.

La cuisine de Robin :

tout seul ou à plusieurs

Le gîte et le couvert !

Fraîche, ma salade !

Dans les fossés, cueille des pissenlits. Tu sais les reconnaître : il s'agit de cette fleur fanée sur laquelle tu souffles, dispersant ainsi à tous les vents ses graines, comme autant de petits parachutes blancs. Fais une salade avec les feuilles (cueille-les avant que les pissenlits soient en fleurs, elles seront plus tendres), elle accompagnera à merveille ton omelette aux champignons.

La forêt est une maison pour Robin et sa bande, mais, non contente d'être un toit pour toi, cette forêt peut aussi devenir ton garde-manger ! À ton panier, aventurier !

À la soupe !

Plante parmi les plus détestées, l'ortie est pourtant une ressource abondante que te propose le sous-bois ! Pour une bonne soupe :

• Prends 500 grammes de feuilles d'ortie sans les tiges (choisis les feuilles tendres en haut des tiges sans te piquer). Mets des gants !

• Rince-les et mets-les à fondre dans une casserole avec du beurre.

• Quand elles ont changé de couleur, ajoute 2 litres d'eau et 500 grammes de pommes de terre coupées en morceaux.

• Laisse cuire 30 minutes. Mets le jus de côté et mixe. Ajoute le jus selon l'épaisseur désirée, un peu de crème fraîche, réchauffe, c'est prêt !

À fond sur les champignons !

• Une poêlée de champignons grillés dans un peu d'huile d'olive, il n'y a rien de meilleur ! Vérifie que tes champignons sont comestibles, c'est tout (voir p. 71) !

• Sur les champignons, tu peux casser des œufs (2 par personne) et tu obtiendras la meilleure omelette du monde.

• Avec des spaghettis aussi, les champignons c'est très bon ! Plonge les pâtes dans de l'eau bouillante, laisse cuire le temps indiqué sur le paquet, égoutte-les avec une passoire, verse ta poêlée de champignons sur les pâtes et elles seront dignes d'un roi ! Voilà un plat qui nourrira copieusement les aventuriers de la forêt !

Confitures

Avec les baies comestibles de la forêt (mûres, framboises, myrtilles, voir p. 70), tu peux aussi t'essayer aux confitures.

APPROVED

• Prends 1 kilo des fruits que tu auras cueillis avec tes compagnons d'aventures.

• Rince-les.

• Ajoute 800 grammes de sucre.

• Fais cuire à feu doux avec le jus d'1 citron.

• Après 35 à 40 minutes de cuisson, mets en pots. Tu ne pourras malheureusement pas te régaler tout de suite, sous peine de te brûler.

TOP SECRET

Ta cabane

Le repaire de Robin des bois

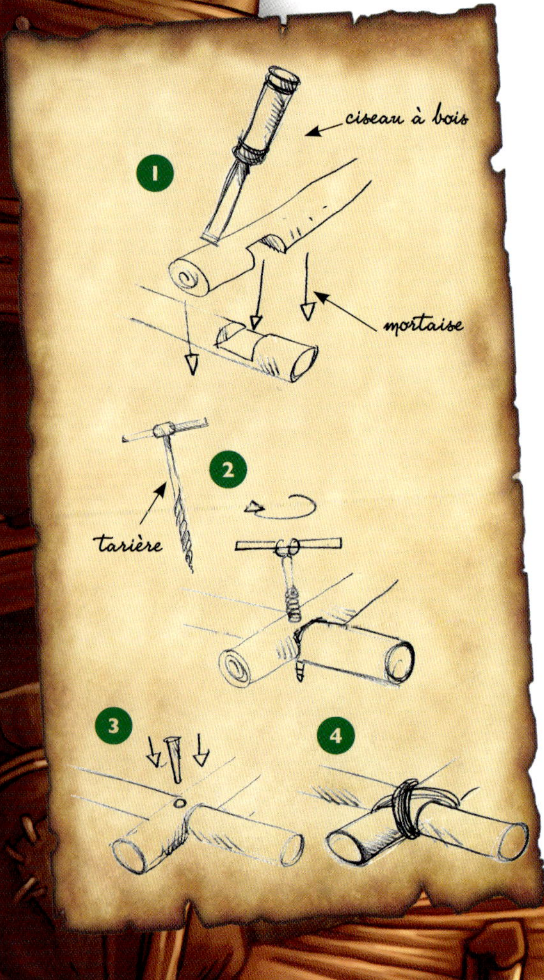

Construire sa cabane, c'est là le grand œuvre de l'aventurier de la forêt ! Perchée en haut d'un arbre, dissimulée sous des rochers, en rondins, en branchages, couverte de fougères, de mousse ou de feuillages, elle sera ta grande fierté, ton domaine.

Perchée dans un arbre

- Choisis un arbre solide, avec des branches suffisamment grosses et écartées pour y poser un plancher. (Cabane n° 1)
- Pour construire un plancher, fixe solidement et parallèlement deux grandes perches entre des branches de l'arbre.
- Pour faire le plancher, réalise des mortaises. Fais une entaille dans la branche que tu veux fixer et dans celle qui la reçoit avec un ciseau à bois (fig. 1).
- Fais un trou là où les deux branches se croisent à l'aide d'une tarière (fig. 2).
- Enfonces-y une cheville en bois (fig. 3).
- Consolide le tout avec de la ficelle (fig. 4).
- Tu n'as plus qu'à répéter ce geste une vingtaine de fois pour réaliser tout ton plancher ! Ce sera long, mais ta cabane sera indestructible.
- Le toit pourra être une bâche posée sur une autre perche accrochée plus haut dans l'arbre. Ce genre de toit a le mérite d'être étanche et léger. (Cabane n° 2)
- Des branchages entremêlés feront de bons murs. Si des branches de résineux sont disponibles, c'est l'idéal (voir croquis).
- Pour monter dans ton domaine, il te faudra aussi fabriquer une échelle (voir croquis) en utilisant toujours le procédé de la mortaise.

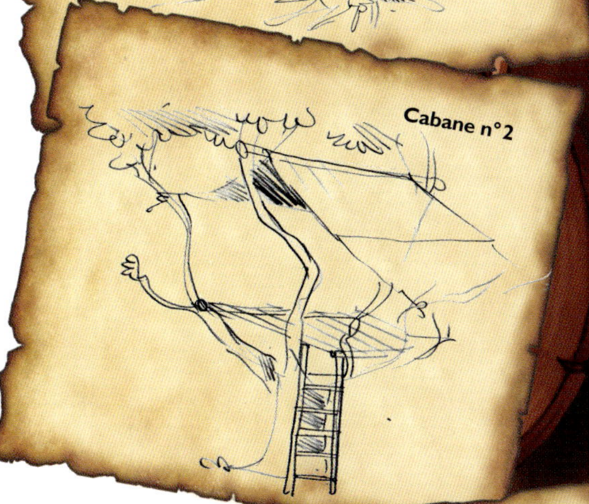

Une cabane à terre

• Si tu ne trouves pas d'arbre à ta convenance ou si tu as moins de temps pour construire ta cabane, il est possible de la faire à terre.

• Pose une longue branche entre deux fourches d'arbre pas trop éloignées l'une de l'autre.

• Sur cette première poutre, pose des branches qui s'appuieront sur elle et feront comme une tente. (Cabane n° 3)

• Quand les branches formeront une structure suffisamment serrée, recouvre-la de feuilles, de mousse et de fougères jusqu'à la rendre quasi étanche.

• De grosses pierres à sa base aideront à maintenir les branches et assureront la stabilité de l'ensemble.

• Discret et facile à fabriquer, cet abri peut se révéler merveilleux pour observer avec tes copains les animaux au fond de la forêt.

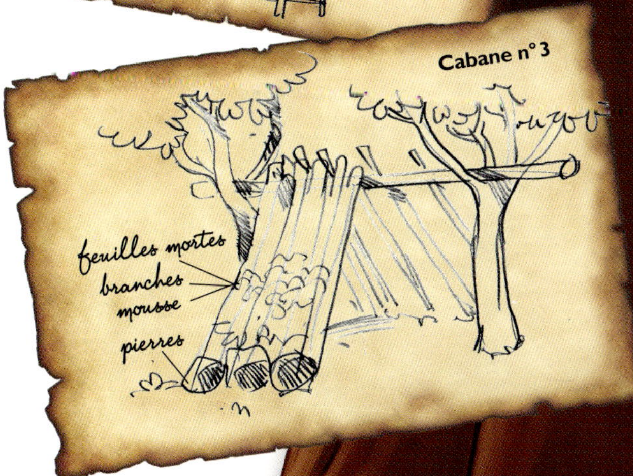

Ameublement

Maintenant que tu maîtrises la technique de la mortaise, tu peux même meubler ta cabane en réalisant toi-même des bancs, des tabourets, pour jouer aux cartes avec tes copains, partager un festin des bois ou préparer la prochaine attaque contre le shérif de Nottingham !

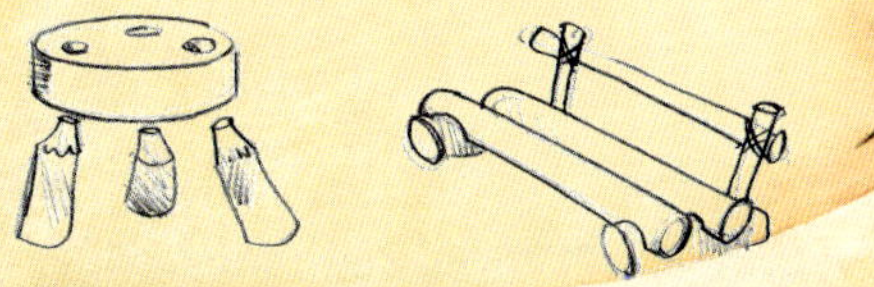

La veillée

Une soirée autour du feu !

Déguisés

Il n'est pas besoin de costumes extraordinaires, la lumière du feu rendra merveilleux les costumes les plus simples, ils deviendront magiques ! Songe à des détails symboliques pour bien camper ton personnage, ou exprimer l'ambiance que tu veux évoquer ! Portez de grands chapeaux, des capes...

Des chants

Les chants ont toujours accompagné les fêtes. Penses-y avant pour en dresser une liste. Les chants donnent le rythme de la veillée. Commence tranquillement, puis accélère en milieu de veillée, avec des chansons plus rapides, et pense à ralentir le rythme en fin de veillée.

La journée touche à sa fin, les arbres se dorent aux feux du soleil couchant, il est grand temps de préparer le feu, de sortir les déguisements, de répéter les chants ! Ce soir, mieux qu'une soirée télé, une soirée veillée !

Soirée à thème

Choisis un thème, ta veillée doit être comme une histoire que tu vas raconter :

« Chaque année, le shérif de Nottingham organise un grand concours de tir à l'arc ! Robin et ses amis, bravant tous les dangers, décident d'y participer ! Pour passer inaperçus, ils imaginent de se déguiser. Mais, au moment où ils enfilent leurs costumes, les gardes du prince Jean arrivent... Comment vont-ils s'en sortir ? »

Voilà un bon prétexte pour un premier jeu !

• Désigne trois volontaires qui, chacun à leur tour, devront se déguiser avec un costume que tu auras prévu ! Chronomètre… Le plus lent a perdu, donne-lui un gage ou affuble-le d'un chapeau ridicule qu'il devra passer au prochain perdant.

Chaleur humaine

Bien qu'autour d'un feu, comme elle se déroul de nuit, une veillée est souvent fraîche ! Rythme t veillée par des jeux ou des bans qui réchaufferon les participants et leur permettront de se dégourdir les jambes !

Autres épreuves

• Tu peux bien sûr organiser **un concours de tir à l'arc** avec l'arc que tu auras fabriqué (voir p. 64). Pour la cible, un disque de carton fixé au tronc d'un arbre sera parfait. Marque le centre d'un gros point noir, puis peins trois disques de couleurs différentes : jaune, bleu, rouge. Et compte les points. Celui qui en a le moins met le chapeau ridicule.

Barême

Cœur de cible : 20 points
Zone jaune : 10 points
Zone bleue : 5 points
Zone rouge : 2 points

• **La paire.** À partir d'un tas de chaussures, il faut reconstituer les paires le plus vite possible ! Compagnons des bois, lancez vos souliers au centre du cercle (mais pas dans le feu) et chronométrez-vous !

• **Les chaussettes.** Un tas de chaussettes, un temps limité, et l'obligation d'en enfiler le plus possible !

• **Mimes.** Chacun écrit sur un morceau de papier le nom d'un objet, d'un animal, ou d'un personnage. On met les papiers dans le chapeau de Robin. Les candidats piochent à tour de rôle et doivent mimer le mot écrit sur le papier pour le faire découvrir à l'assemblée.

Et bien d'autres jeux encore à inventer, ou à trouver !

LES ESPI

ONS

Depuis que tu es petit, tu adores te cacher, observer sans être vu. Les codes secrets les plus improbables ne résistent pas à ta sagacité, pas plus que les serrures les plus modernes à ton habilité… Tu es fait pour le changement, l'aventure, le mystère, l'audace…
C'est l'armée qui au travers de ses services secrets te fera découvrir ta vocation. C'est décidé, tu seras espion, au service de ton pays. Il y a toujours un danger à identifier, un méchant à neutraliser, un homme à sauver, et, pour ces missions, tu seras l'homme de la situation !

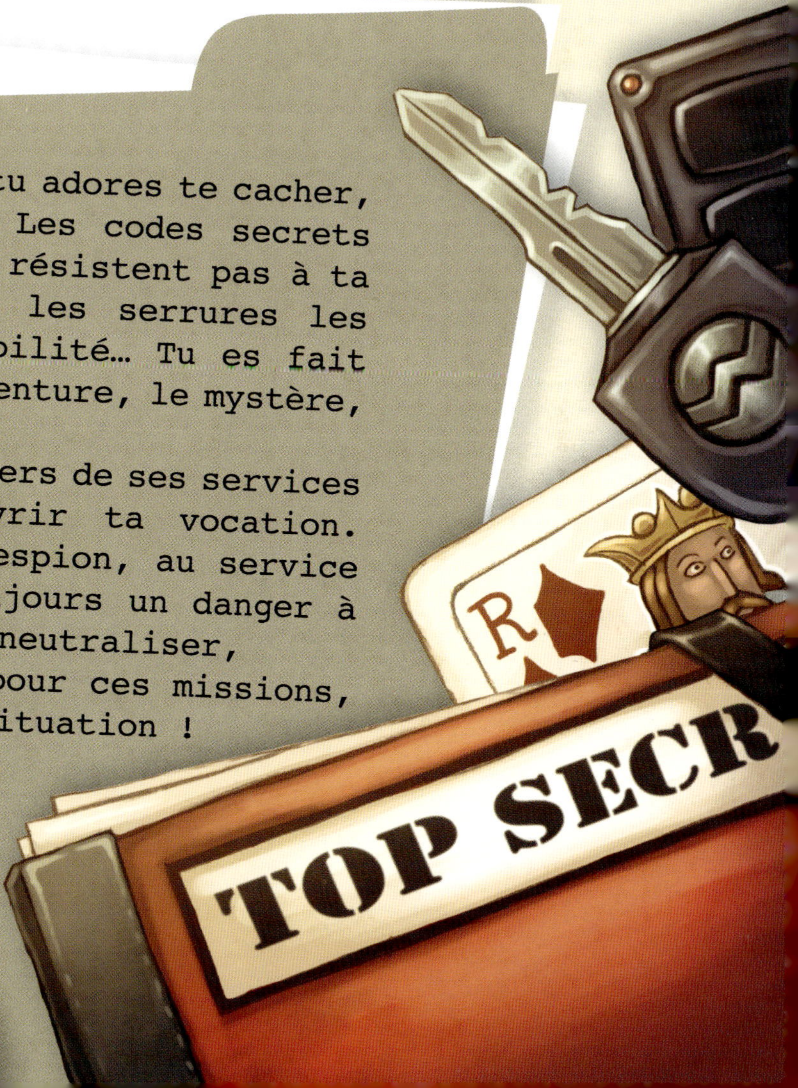

JAMES BOND, C'EST TOI !

Deviens un véritable espion !

L'espion a une panoplie, que tu dois te procurer bien vite pour devenir comme lui !

❶ Un smoking (ou un costume noir) : l'espion est élégant. Même s'il aime l'aventure et qu'il est confronté aux situations les plus périlleuses, il reste toujours impeccable, il a toujours de l'allure ! On ne verra jamais un espion en survêtement avec des grosses baskets !
❷ Un nœud papillon (ou une cravate). L'espion ne laisse rien au hasard. Il est élégant jusqu'au bout des ongles et du col. Pas question de se promener en col de chemise. Pour apprendre à faire un nœud de cravate, reporte-toi p. 97.
❸ De belles chaussures en cuir, confortables, car l'espion doit courir vite pour échapper à ses poursuivants !
❹ Une mallette. Elle contient des documents secrets, que tous les terroristes et hommes de pouvoir sans scrupules cherchent à se procurer : plans de sous-marins, composition de la bombe atomique, encodages de systèmes informatiques complexes, tout est dedans. Il la défend au péril de sa vie. Elle ne quitte pas l'espion. Même lorsqu'il dort, il garde un œil sur sa précieuse mallette.
❺ Sous la chemise immaculée, blanche, impeccable, se cache le principal secret de l'espion : un cœur solide, courageux, qui ne craint rien ni personne, prêt à accepter n'importe quelle mission aux quatre coins de la planète pour défendre la justice et l'ordre.

1
2
5
4
3

CODES SECRETS

Je code, tu codes, nous décodons !

CODE DE GÉNIE !

Les écrits de Léonard de Vinci étaient codés ! Écrits de droite à gauche, il fallait les regarder dans un miroir pour les lire. On appelle cela l'écriture spéculaire. Mais Léonard était gaucher. Peut-être était-il juste plus simple et plus rapide pour lui d'écrire de droite à gauche, sens naturel de l'écriture pour les gauchers. Alors, Léonard, espion ou juste un peu flemmard ?

L'agent secret qui se cache en toi peut passer à l'action ! Envoie des messages que seuls tes amis pourront lire ! Coder, décoder, dissimuler, te voilà au cœur des services secrets de ton pays !

Des chiffres et des lettres

Commençons par une série de codes pas trop difficiles.

- Le fameux code « Avocat » : Avocat signifie que la lettre K remplace A (« A vaut K »), la lettre B devient le L, et ainsi de suite.
- Même chose avec le code « Hélène » : L vaut N.

Il y a aussi les codes qui font intervenir des chiffres :

- Le code « Cassis » signifie que K = 6, donc L = 7, M = 8…
- Même chose avec le code « Cassette » où K = 7.
- Et le code « 4 L » où L = 4.

UN PEU D'HISTOIRE !

Pendant la Seconde Guerre mondiale, les Allemands construisirent Enigma, une machine pour crypter et décrypter les messages. Les alliés s'en emparèrent et connurent ainsi à l'avance bon nombre des décisions stratégiques de leur ennemis. Mais, pour ne pas éveiller la méfiance allemande, il fallut accepter de perdre certaines batailles ou de tomber dans certains pièges… Gagner la guerre était à ce prix.

TOP SECRET

LE CODE B-ALPHA

A = Z	N = M
B = Y	O = L
C = X	P = K
D = W	Q = J
E = V	R = I
F = U	S = H
G = T	T = G
H = S	U = F
I = R	V = E
J = Q	W = D
K = P	X = C
L = O	Y = B
M = N	Z = A

• Le code B-Alpha : pour fabriquer ta grille de codage, écris les 26 lettres de l'alphabet les unes après les autres en colonne suivies du signe =. Puis récris les 26 lettres de l'alphabet en repartant du bas. Cela donne : Z = A, Y = B…

Code secret, code discret.

Mais attention ! Des pages entières de chiffres et de lettres pourraient éveiller les soupçons de tes adversaires ! Utilise alors une autre ruse d'espion : à l'aide d'une épingle, fais de minuscules trous sous des lettres choisies. Mises bout à bout, elles formeront des mots et un message. Le destinataire n'aura qu'à tenir le document devant une lampe et lire les lettres sous lesquelles apparaît un point lumineux… De la lumière jaillira la vérité !

DÉCODAGES

« L'agent double russe est parmi nous » donne :
– en code « Avocat » : V KQOXD NYELVO BECCO OID ZKBWSC XYEC ;
– en code « Cassis » : 7 22 2 0 15 25 10 16 23 7 0 13 16 14 14 0 0 14 15 11 22 13 8 4 14 9 10 16 14.

TOP SECRET

INVISIBLE...

Écris des messages qui ne se voient pas !

Les codes secrets, d'accord, mais quand on est poursuivi ou enfermé en prison, mieux vaut avoir recours à d'autres méthodes...

L'encre sympathique

L'encre invisible existe, elle est même dans la cuisine ! Trempe une plume d'oiseau que tu auras ramassée sur une plage ou dans la forêt dans un jus de citron pour écrire ton texte ! Invisible, il ne se révélera que si la feuille est chauffée, par exemple avec une bougie ou une ampoule électrique... Attention à ne pas brûler le papier !

Autres recettes

Le lait marche également très bien pour préparer de l'encre invisible. Tu peux aussi essayer le mélange miel et eau : il est très efficace ! Mais si tu es prisonnier dans une geôle sibérienne, tu peux tout simplement utiliser ta salive comme encre sympathique. Ou un effaceur si tu en as un sur toi. Eh oui, décidément, un espion a plus d'une corde à son arc !

Ruse d'espion

Toutefois, envoyer une page blanche n'est pas très discret et tu risques d'être découvert. Profite plutôt des espaces entre les lignes d'un courrier ordinaire pour glisser tes secrets à l'encre sympathique !

À toi maintenant de défier tes amis, ta famille, et de leur proposer de décoder tes messages ! Tu vas pouvoir échanger tes secrets avec tes amis les plus chers. Être le dépositaire du secret d'un autre est la preuve d'une grande confiance que l'on ne peut trahir.

DES ESPIONS CÉLÈBRES

Les espions sont des héros de cinéma. James Bond ou Hubert Bonnisseur de la Bath, plus connu sous le nom d'OSS 117, Max la Menace et bien d'autres reviennent régulièrement sur nos écrans pour déjouer des pièges et sauver le monde ! Les vrais espions sont plus discrets, souvent même leur famille ignore leur activité. Si l'aventure te tente, aujourd'hui encore, espion, cela peut être un métier !

LE CODE MORSE INTERNATIONAL

Les codes ne sont pas tous faits pour tromper l'ennemi. Certains, au contraire, ont été inventés pour être compris par le plus grand nombre. Ainsi le morse, conçu en 1832 par Samuel Morse, permet de communiquer à distance à l'aide d'une source de lumière ou de simples sons. Les lettres sont codées et deviennent une suite de signaux brefs ou longs.

A	. -	N	- .	1	. - - - -
B	- . . .	O	- - -	2	. . - - -
C	- . - .	P	. - - .	3	. . . - -
D	- . .	Q	- - . -	4	. . . . -
E	.	R	. - .	5	. . . . .
F	. . - .	S	. . .	6	- . . . .
G	- - .	T	-	7	- - . . .
H	. . . .	U	. . -	8	- - - . .
I	. .	V	. . . -	9	- - - - .
J	. - - -	W	. - -	0	- - - - -
K	- . -	X	- . . -		
L	. - . .	Y	- . - -		
M	- -	Z	- - . .		

SOS

Pour SOS, le message le plus important à connaître, tu fais trois signaux brefs, trois signaux longs, trois signaux brefs.

SÉMAPHORE

Si tu ne disposes que de tes bras pour communiquer, sache que le bras gauche levé te servira à envoyer un trait et le bras droit, un point. Ce système de codage s'appelle le sémaphore.

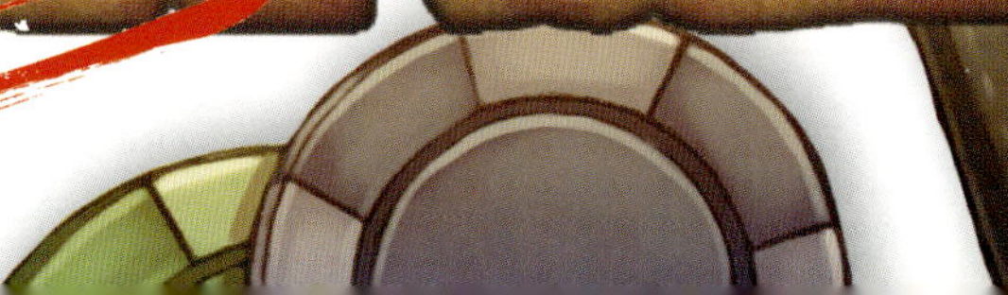

JEUX DE CARTES

Whist, poker, tarot…

L'espion est un gentleman ! Et l'homme distingué sait se tenir dans un salon ! Dans un salon on joue aux cartes, l'espion joue donc aux cartes !

De un à plus…

De la réussite que l'on fait tout seul à la bataille qui se joue à deux, en passant par la crapette ou la dame de pique, le whist et le poker, il existe autant de jeux différents que de joueurs. À toi de choisir ! Cependant, aux cartes, il y a des règles valables pour tous les jeux. Un vrai gentleman veille à rester courtois vis-à-vis de ses adversaires et, même quand il perd, il fait bonne figure et reste beau joueur… Cela fait aussi partie du jeu ! Il semble aussi qu'un vrai gentleman ne triche pas, mais les espions ? Peut-être, lorsqu'il leur faut absolument gagner pour sauver leur vie !

JEU DANGEREUX

Au XIXe siècle aux États-Unis, les bateaux à roues sillonnant le Mississippi étaient remplis de joueurs de poker professionnels ou amateurs. La majeure partie d'entre eux trichaient. S'ils n'étaient pas pris, tant mieux pour eux ; dans le cas contraire, les choses pouvaient se régler à coup de revolver, ou, au mieux, le tricheur était couvert de goudron et de plumes…

À quatre

La dame de pique est un jeu amusant et rapide. Il s'agit de faire des levées sans ramasser une seule carte de pique, et surtout pas la dame. Chaque joueur reçoit 13 cartes. Le joueur à la gauche du distributeur joue la carte de son choix et les autres joueurs doivent alors jouer dans la même couleur que lui. Le joueur ayant mis la plus grosse carte emporte la levée. Si un joueur n'a pas, ou plus de cartes de la même couleur, il joue autre chose, il peut par exemple se débarrasser d'une carte de pique, la plus grosse de préférence. À la fin, les joueurs font les comptes : 1 point par carte de pique ramassée, la dame, elle, vaut 12. Si un joueur ramasse toutes les cartes de pique, ce sont tous les autres qui gagnent 25 points. Le premier qui atteint 100 points… a perdu !

Plus sérieux...

Le tarot est un jeu de cartes particulier (les cartes sont un peu plus grandes que dans un jeu de 54 cartes standard) qui comporte des cartes nommées les « atouts ». Apparemment compliqué, il est en fait très accessible et peut se jouer à trois, à quatre ou à cinq.

Le bridge est un jeu le plus souvent joué par des adultes. Il demande concentration et réflexion mais, avec de bons professeurs, tu peux apprendre à jouer !

TRICHEUR !

Les premières cartes avaient un dos uni. Il était alors facile pour les tricheurs de repérer des salissures ou d'y faire des marques discrètes pour connaître le jeu de leur adversaire… Au XVIIIe siècle, la loi obligea à décorer le dos des cartes et à leur faire des coins arrondis pour qu'on ne puisse plus les corner… Enfin, elles devinrent plus épaisses, pour qu'on ne voie plus au travers !

ATTENTION !

Deux fausses cartes ont été glissées dans l'enveloppe qui se trouve au début de ce livre. Attention ! Tu dois les utiliser à bon escient, pour sauver ta vie d'espion en danger, et pas pour gagner contre ta petite sœur. Tricher, ce n'est pas bien !

TROP C'EST TROP...

On parle de l'enfer du jeu. Il existe en effet des joueurs qui, comme avec la drogue ou l'alcool, sont dépendants du jeu. Ils ne peuvent plus quitter le clavier de leur ordinateur ou les tables des casinos, en négligent leurs études, leur famille et le monde réel, en perdant quelquefois beaucoup d'argent. Là, ce n'est plus du jeu… Et la chose que l'on risque de perdre, c'est soi-même.

MAGIE...

Tours de passe-passe

Quand on est espion, il faut savoir aussi être un peu magicien pour disparaître quand les ennemis vous traquent, pour les piéger quand ils vous pressent, ou pour les ridiculiser et leur montrer qui est vraiment le plus fort !

Matériel
3 verres en plastique non transparents
1 rouleau de papier toilette

Abracadabra... Au boulot !

Voici un tour qui, après quelques répétitions, devrait te permettre d'impressionner tes rivaux, tes copains et ta famille mais chut, ne leur dis surtout pas que ce n'est que la magie du travail !

1. D'abord, fais deux boulettes avec deux feuilles de papier toilette. Place-les dans les verres comme indiqué sur le croquis. Personne ne doit voir ce petit travail préparatoire !

2. Commence ton tour en réalisant trois boulettes de papier toilette, fais-les devant tes spectateurs. L'une des conditions, indispensable pour que le tour réussisse, est de toujours parler aux spectateurs, de capter leur attention. Dispose les boulettes et les verres devant toi. Fais attention à ce que personne ne remarque les boulettes dissimulées dans les deux verres les plus à gauche, et qui doivent bien sûr rester sous le verre !

CULTURE

Il n'est plus nécessaire de présenter Harry Potter, qui est désormais le magicien le plus célèbre du monde. Mais avant lui le magicien d'Oz fut très renommé, et même Mickey dans *Fantasia*, se transforma en apprenti magicien pour illustrer le célèbre morceau *L'Apprenti Sorcier* de Paul Dukas.

DU RÊVE...

Magiciens, un mot qui fait rêver ! Un claquement de doigts, clac ! Ta chambre est rangée ! Clac, tes devoirs sont faits ! Clac, tu es plus grand de 10 cm, tu as la vue de l'aigle, la force du taureau et bien sûr l'intelligence d'un prix Nobel ! Un vrai James Bond !

3. Pose la boulette de droite sur le verre du milieu, dis à tes spectateurs que la boulette va traverser le verre, abracadabra. Fais des gestes au-dessus des verres pour faire monter le suspense. Recouvre la boulette avec le verre de droite, fais un claquement de doigts, soulève les deux verres et là... la boulette est sur la table ! Miracle ! Il s'agit en fait de celle secrètement dissimulée au début du tour.

4. Prends alors cette boulette, place-la sur le verre de gauche, pose dessus les deux verres empilés, clac, soulève les trois verres, abracadabra, la boulette est sur la table !

5. Replace les verres en les disposant de la même façon qu'au début, le verre vide à droite. Il y a maintenant deux boulettes sous le verre le plus à gauche.

6. Recommence les mêmes opérations en prenant la boulette du milieu.

7. Recommence une dernière fois avec la boulette de gauche. Quand enfin tu soulèves le verre, les trois boulettes sont là... Très fort !

Pour arriver à ce résultat, il te faudra beaucoup travailler, répéter les gestes, préparer ton discours. Petit conseil d'espion : entraîne-toi devant un miroir !

MAGICIENS CÉLÈBRES

Au XIXe siècle, en France, un grand magicien, Robert Houdin, spécialiste des automates, fut le premier à monter un spectacle entièrement basé sur la magie. Il est le père de la magie moderne ! Au début du XXe siècle aux États-Unis, un admirateur d'Houdin se fit appeler Oudini : il faisait disparaître les éléphants et s'échappait d'une malle entourée de chaînes.

TA «PLANQUE» D'ESPION

Enfin seul !

Pour souffler un peu entre deux missions, il te faut un endroit connu de toi seul. Un lieu pour préparer tes futurs coups et cacher les documents secrets en ta possession, ainsi que tout ton matériel d'espion !

Incognito

Tu peux te cacher sous ton lit, en laissant pendre ta couette pour qu'on ne te voie pas. Ou dans ton placard, s'il est assez grand. Ou sous tes draps, en te faisant le plus petit et le plus « plat » possible. Si quelqu'un entre, ne bouge plus et respire sans faire de bruit : on ne doit pas remarquer ta présence !

Voir sans être vu

De ta cachette il faut que tu puisses savoir si l'ennemi approche. Puisqu'il est impossible de voir à travers les murs ou les couettes ou les portes de placard, fabrique-toi un périscope !

Le principe du périscope est très simple, il s'agit du reflet d'un miroir sur un autre. À l'aide de carton fort, d'un peu de colle et de deux petits miroirs, tu peux facilement construire cet instrument d'espion ! Aide-toi du croquis ci-contre.

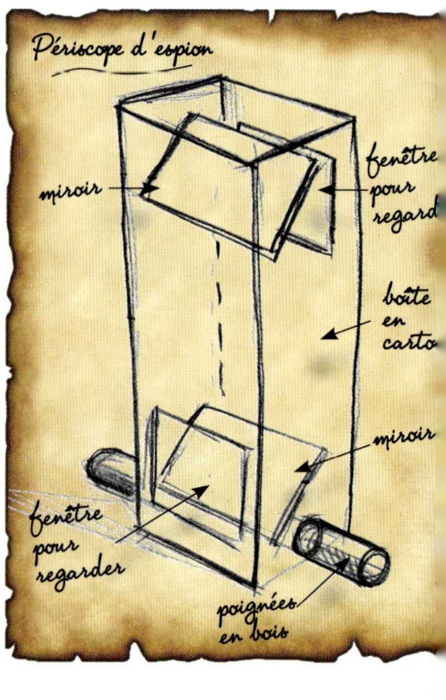

Un livre spécial pour un agent spécial

Ta vie d'espion t'oblige à vivre prudemment, à être discret, et même à dissimuler certaines choses ! Plus simple que l'électronique, plus sûr qu'un coffre-fort, fais d'un vieux livre le dépositaire de tous tes secrets !

• Prends dans ta bibliothèque un livre que tu as déjà lu et que tu n'as pas trop aimé, bien épais de préférence (demande tout de même la permission à tes parents).

• À l'aide d'un cutter, fais un trou carré dans les pages de ce livre.

• Colle entre elles les pages du livre.

• Cache dans le trou tes informations secrètes et tes trucs d'espion. Referme le livre.

• Une fois glissé au milieu de tes autres livres, il sera une cachette d'autant plus discrète qu'elle est en évidence ! Qui pourrait bien penser que tes secrets sont simplement là, dans ta bibliothèque !

Tu es découvert !

Comment savoir si un intrus est entré dans ton repère ? Très discrètement, dispose sur une porte ou sur un tiroir un cheveu que tu feras tenir avec de la colle blanche ou de la salive. Ce cheveu témoin, s'il n'est plus là, est le signe que quelqu'un est passé ici avant toi ! Tu vas devoir changer de planque !

EMPREINTES

Utilisées à partir de 1902 dans la police française, les empreintes digitales ont servi de moyen d'identification dans les Indes britanniques dès 1877 ! Laissées sur les lieux des crimes par leurs auteurs, elles permirent pendant longtemps de les confondre. Aujourd'hui, la police scientifique dispose de bien d'autres moyens, et notamment les traces d'ADN ! Le moindre cheveu trouvé sur les lieux d'un crime ou de tout autre forfait suffit aux policiers scientifiques pour connaître une identité ADN, qui sera ensuite comparée à celle des suspects ou à celles contenues dans un fichier des personnes déjà connues des services de police.

L'ÉLÉGANCE DE L'ESPION

La classe, la vraie...

La véritable élégance est impalpable. Se faire remarquer, être m'as-tu-vu, ce n'est ni distingué, ni élégant, et surtout pas espion ! Être élégant, c'est une attitude !

Politesse

• L'espion est d'abord poli. Il arrive à l'heure à ses rendez-vous puisque l'exactitude est, dit-on, la politesse des rois.

• Il salue les personnes présentes, d'un « Bonjour madame », « Bonjour monsieur », pas de « Salut, mon pote » ni de grandes tapes dans le dos. Il sait que le baisemain se fait en privé, aux seules femmes mariées.

• Quand il est invité à dîner, il offre des fleurs à la maîtresse de maison ou mieux les lui fait livrer à l'avance.

• Il se tient bien à table, droit sur sa chaise, jamais le nez dans son assiette, il goûte de tout sans dire « J'aime pas ça », sert sa voisine avant lui, ne se bâfre pas comme un chancre, a une conversation agréable, jamais la bouche pleine !

• Il utilise un langage châtié, les grossièretés et les insultes sont bannies de son vocabulaire.

• Il conclut ses courriers par une formule élégante : « Veuillez recevoir, Madame, l'expression de mes respectueux hommages. »

Voilà un homme qui sait passer de l'action la plus virile à un salon mondain sans aucun problème !

Un physique chic !

Pour respecter les autres, il est important de se respecter soi-même et, dans ce but, d'avoir une bonne hygiène et une tenue vestimentaire impeccable. L'espion se lave tous les jours, avec du savon, ne laisse pas couler l'eau pour faire croire qu'il prend sa douche… Il se peigne, se brosse les dents, se coupe les ongles, bref, l'espion est un homme propre !

Le costume de l'emploi

• L'espion pense toujours à coordonner ses vêtements entre eux, les baskets vont très mal avec le smoking, les chaussettes blanches ne servent que dans les tennis. Comble du chic à propos des chaussures, les Anglais déclarent : *« No brown after six ! »* Ce qui signifie « pas de marron après 18 heures », ou chaussures noires obligatoires pour sortir le soir !

• L'espion sait que ne pas être habillé de la bonne façon au bon endroit au bon moment, c'est une faute d'élégance impardonnable ! On peut être trop habillé (en smoking pour un pique-nique) ou pas assez (en bermuda à une soirée) ! Quant à toi, pas de short de foot pour un baptême, ni de veste de costume pour une sortie avec les copains ! Et jamais de vêtements sales ou troués, même si ce sont tes préférés !

• Toujours chic, nœud de cravate impeccable le jour, nœud papillon jamais de travers le soir, l'espion est élégant en toutes circonstances. Mais sais-tu au moins faire un nœud de cravate ? Il existe beaucoup de nœuds différents : le simple, le double, le Windsor, le demi-Windsor, le croisé ou le petit nœud ! Si tu débutes dans cet art, commence par le nœud simple en suivant les étapes ci-contre pas à pas !

SO BRITISH !

Les Britanniques seraient-ils les inventeurs de l'élégance ? On raconte que de riches lords anglais au chic extrême font porter par leurs serviteurs leurs vêtements neufs, afin de ne jamais avoir l'air « clinquants » !

SMOKING DE SORTIE

Au départ conçu comme une tenue d'intérieur confortable, le smoking est devenue la tenue de sortie chic par excellence ! Adepte de ce vêtement, James Bond sait cependant qu'il reste une tenue du soir et, en aucun cas, il ne le mettrait pour un déjeuner.

LE DÎNER AUX CHANDELLES

Espion, jusqu'au bout de la fourchette

Le soir est venu, la nuit est tombée, finies les cascades, plus de fusillades, plus de bagarre ! Une journée d'espion n'est pas de tout repos, mais la soirée promet d'être tout autre, raffinée et savoureuse ! Enfin un peu de douceur dans ce monde de brutes !

Un décor, une ambiance !

Première étape pour réussir ton dîner aux chandelles, pour ta famille ou l'élue de ton jeune cœur, créer une ambiance. Un dîner n'est pas que dans l'assiette, il est aussi tout autour dans le décor, dans les détails.

- Une jolie nappe blanche, de belles assiettes, des couverts élégants, des verres à pied pour la vaisselle.
- Un éclairage tamisé dans la pièce et deux bougies sur la table…
- Dernière petite touche, tu peux parsemer la table de pétales de fleurs, naturels ou en papier ou disposer des fleurs sur la table. Outre leur beauté, elles donneront à ton dîner un parfum inoubliable !

CHAMPAGNE !

Boisson des fêtes par excellence, le champagne est devenu le symbole du luxe et du raffinement ! James Bond a même sa marque préférée, le champagne Bollinger, en rosé, s'il vous plaît ! C'est un moine, Dom Pérignon, qui, en 1670, donne au champagne sa forme actuelle. Depuis, il accompagne toutes les grandes occasions ! Il ne faut cependant pas oublier que le champagne c'est du vin, donc de l'alcool et que pour en consommer il faut être adulte ! La consommation d'alcool, est dangereuse pour la santé et, même pour les adultes, elle doit rester modérée !

TOP SECRET

Canapés au menu !

• Beurre des tranches de pain de mie après en avoir retiré la croûte.
• Dispose dessus du saumon fumé ou des œufs de lump.
• Sur d'autres tranches non beurrées, tartine du fromage frais et coupe en deux des tomates cerises que tu poseras dessus.
• Sois imaginatif ! Ajoute un petit morceau de citron, deux brins de ciboulettes, joue avec les goûts, les formes et les couleurs ! Découpe des toasts en triangle, en carré, en cœur ! Le raffinement d'un plat tient autant à son goût qu'à sa présentation !

Plat raffiné

• Pour la suite, avec l'aide d'un adulte, fais cuire (dans une Cocotte-Minute ou une casserole d'eau bouillante) des pommes de terre de taille moyenne avec leur peau.
• Coupe-les en deux, dispose-les dans un plat après les avoir recouvertes de crème fraîche.
• Sale, poivre et presse un citron dessus.
• Sur ce lit de crème, dispose de fines lamelles de saumon fumé, un tour de poivre, deux brins de ciboulette, un petit morceau de citron… Effet garanti !

CAVIAR

S'il y a au monde une chose qui symbolise à elle toute seule un dîner de grand luxe, c'est bien le caviar ! À plus de 8 000 euros le kilo, il serait bien étonnant qu'il y en ait dans ton menu, mais sache que James Bond en raffole ! Produit principalement sur les bords de la mer Caspienne, le caviar est fabriqué à partir d'œufs de poisson. Ceux de l'esturgeon béluga sont les plus gros et les meilleurs, mais on peut aussi se rabattre sur du sévruga, plus petits, ou de l'osciètre, plus clairs ! Pour l'espion que tu es, il reste toujours le faux caviar, les œufs de lump, qui, rouges ou noirs, font de très bons petits canapés !

LES COW-
ET LES IN

BOYS
DIENS

Ils ont quitté la vieille Europe dans les cales d'un bateau de troisième catégorie, rêvant d'une vie meilleure et d'un nouveau monde ! Ils ont traversé l'Amérique dans un chariot bâché à la conquête de l'Ouest ! Ils ont construit des maisons de rondins de leurs mains, à côté des tipis des Indiens. Tu es l'un des leurs : la traque du gibier n'a pas de secret pour toi, tu as déjà tué un ours, c'est sa peau qui te sert maintenant pour lutter contre le froid des longues nuits d'hiver passées dans les vastes plaines. Te voilà un homme de l'Ouest, l'un de ces pionniers qui ont construit ce nouveau monde qu'est l'Amérique !

Aventures dans l'Ouest

Deviens un vrai cow-boy et un vrai Indien !

Voici tout ce qu'il te faut pour devenir le roi de l'Ouest, quel que soit ton camp !

Le cow-boy

1 Un chapeau. Il te protégera de la pluie, de la poussière et du soleil. La nuit, il te couvrira le visage et, suprême élégance, il te suffira d'y porter la main pour saluer les dames, le soir au saloon.

2 Un pantalon. Un jean de préférence, c'est le pantalon mythique des cow-boys. Solide, inusable, des rivets qui renforcent ses coutures, il est indispensable. Les cow-boys lui ajoutaient parfois des jambières de cuir lorsqu'ils devaient arpenter les prairies aux buissons épineux !

3 Une chemise et un gilet. Blanche ou de couleur, unie ou à carreaux, la chemise du cow-boy est presque toujours recouverte d'un gilet sans manches, en cuir ou en tissu. Un foulard, comme un bandana rouge, peut tout à fait compléter cet ensemble. Il protège de la poussière, on s'y essuie après l'effort, les mauvais garçons le relèveront pour attaquer les diligences.

4 Une ceinture. En cuir, solide, ton arme y est accrochée.

5 Des bottes. À talons, montantes, et sur lesquelles résonnent tes éperons, tu ne les enlèves jamais, même pas pour dormir, sauf pour le bain... Autant dire jamais !

L'Indien

6 Une coiffe. Une seule plume peut suffire, si elle dit ta force extraordinaire et unique.

7 Point de chemise. L'Indien est torse nu et montre sa musculature superbe à qui veut la voir.

8 Ses colliers sont des trophées. Dents, plumes d'animaux chassés, ils disent son agilité à neutraliser ses proies.

9 Son pantalon est résistant, car lui aussi foule les plaines sauvages du grand Ouest.

1
6
8
7
3
9
4
2
5

Totem d'indien

Celui que je suis !

Seras-tu loup, habile à la chasse, ours fort et sage ou hibou qui voit la nuit et l'avenir ?

Signification

Un totem, pour un Indien, c'est un peu comme un blason pour un chevalier : c'est une façon d'être reconnu et de dire qui il est. Placé devant sa tente, le totem représente de façon symbolique l'animal que l'Indien s'est choisi comme emblème.

Ton totem...

La sculpture sur bois n'est pas un art aisé. C'est pourquoi, plutôt que de creuser le bois, nous te conseillons d'ajouter des éléments en relief. Si ton totem n'est pas destiné à trôner dehors, le carton peut être un matériau plus simple à travailler, au résultat tout aussi spectaculaire.

... en bois

- Un arbre mort au fond du jardin, voilà la base rêvée pour faire ton totem.
- Profite de la forme de l'arbre, quelle qu'elle soit, de ses branches, de ses irrégularités, de ses bizarreries, pour rendre ton totem expressif. Un trou devient la bouche, une branche formera un bras, des renflements et des bosses feront les yeux ou un bec.
- Si tu choisis un arbre nu, lisse et tout droit, ajoute des éléments saillants en carton comme des ailes, des cornes, un nez, des pattes.
- Peins ton totem avec des couleurs vives. Dessine les éléments comme les yeux, le nez et la bouche à l'aide d'un large trait noir, puis remplis avec de la couleur !
- Exagère les expressions : dessine des bouches grimaçantes, des yeux effrayants ! Ton totem dit ta force et impressionne tes ennemis !

tout seul ou à plusieurs

PUMA VALEUREUX OU POULE MOUILLÉE !

Devenu adulte, le jeune Indien se voit attribuer un animal totem qui le représente et le symbolise. Cette habitude ne s'est pas totalement perdue. Les scouts, par exemple, continuent lors de cérémonies plus ou moins secrètes à « totémiser » leurs membres. Ils donnent alors à celui qui est « totémisé » le nom d'un animal qui représente son physique, et un adjectif qui décrit son caractère ! Alors, entre araignée vaniteuse et panthère valeureuse, à toi de choisir !

... en carton

• Commence par collectionner toutes sortes de boîtes en carton, petites et grosses, longues et courtes, cubiques et cylindriques.

• À l'aide de ces boîtes, compose ton totem : empile, colle, scotche, jusqu'à obtenir le volume désiré !

• C'est grâce à la peinture que tu vas donner vie à ce tas de boîtes et le transformer en un véritable totem indien.

• Pour les couleurs, choisis-les encore une fois très vives, en privilégiant des traits noirs sur un fond blanc et des zones rouges, vertes et jaunes.

• Tu peux aussi dessiner des éléments décoratifs abstraits, très utilisés par les Indiens, comme des lignes brisées, des cercles et des croix.

LE VRAI DÉFI DE TON TOTEM SERA SURTOUT DE FAIRE QU'IL SOIT À TON IMAGE !

UN POTEAU QUI PARLE !

Le totem était au départ un tronc d'arbre. Débarrassé de ses branches et de son écorce, il était sculpté, peint, puis on lui ajoutait quelques éléments en relief comme des ailes d'oiseau ou des cornes de bison. Haut de 1 à 15 m, le totem était dressé une fois sculpté.

Un tipi d'Indien

À l'abri du tipi !

En langue sioux, *tipi* signifie « utilisé pour vivre à l'intérieur ». Si fragile qu'il puisse paraître, le tipi est donc la maison des Indiens. Léger, démontable, c'est un vrai refuge d'aventuriers !

Un toit à moi !

Un tipi est facile à construire et nécessite un minimum de matériel. Alors, à toi de jouer !

Tipi en peau !

Les vrais tipis des Indiens d'Amérique étaient couverts de peaux qui les rendaient à la fois solides, imperméables et souples. Il suffisait d'une dizaine de peaux de bison pour faire une tente de 5,5 m de diamètre appuyée sur 20 à 25 perches ! Les tipis de grande taille abritaient les conseils, il fallait 50 peaux pour les couvrir ! Le tipi était chaud mais sain car bien aéré, grâce à son ouverture entre les perches tout en haut. Cette ouverture servait aussi de cheminée et permettait de faire un petit feu pour se chauffer en hiver.

Fais ton tipi !

- Commence par poser le tapis de sol.
- Relie entre elles trois perches (voir croquis).
- Avec ces trois perches, forme sur le sol un trépied de base en les disposant en rond à la lisière du tapis. Puis intercale de façon régulière les perches restantes de façon à obtenir une structure circulaire.

APPROVED

• Il faut ensuite placer la toile et la faire tenir sur la structure de bois avant de la fixer au sol avec des petits piquets plantés dans la toile et la terre.

TU AS MAINTENANT UN VRAI TIPI !
POUR LE RENDRE PLUS INDIEN, TU PEUX DÉCORER LA TOILE AVEC DES MOTIFS GÉOMÉTRIQUES OU DES DESSINS TRADITIONNELS.

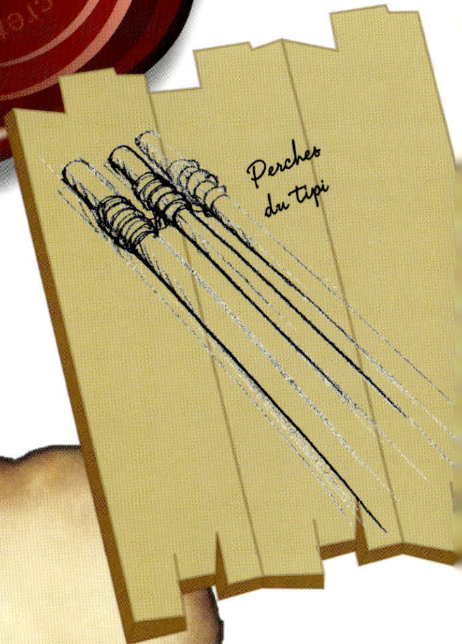

Matériel
- 2 perches de 3 m
- Toile de tente (demi-cercle de 4 m de diamètre)
- Tapis de sol en tissu imperméable (cercle de 2 m de diamètre)

Rodéo de cow-boy

C'est la fête au Far-West !

La vie des cow-boys est rude, sauvage, et quelquefois violente. Aussi, pour se reposer, les cow-boys pratiquent-ils des jeux… rudes, sauvages et quelquefois violents ! Le rodéo en est le parfait exemple.

Les sept travaux du cow-boy

Né il y a environ cent cinquante ans, le rodéo traditionnel permet à un homme et à son cheval de prouver leur valeur et leur courage ! Il s'agit de défier ses adversaires et de se surpasser. Le rodéo comporte plusieurs épreuves :

- Monter un cheval sauvage avec une selle.
- Monter un cheval sauvage sans selle.
- Monter un taureau sauvage.
- Capturer un taurillon au lasso.
- Ligoter un veau.
- Capturer un taurillon en équipe.
- Faire tomber un taurillon.

Ces épreuves sont toutes directement inspirées du travail du cow-boy avec le bétail, mais il y a aussi des épreuves de dressage du cheval où le cavalier doit montrer à quel point il fait corps avec sa monture. Le faire avancer, s'arrêter, reculer, slalomer, déraper ou courir vite, autant d'épreuves sur lesquelles étaient notés cavalier et cheval !

TOP SECRET

Quel cow-boy es-tu ?

Difficile pour toi de trouver un cheval, encore plus de jouer avec un taureau ou un veau ! Alors, adaptons les épreuves !

Combat de regards

Puisque les taureaux nous manquent, lance un défi à un adversaire, face à face, les yeux dans les yeux. Regardez-vous fixement, le premier qui baisse les yeux… a perdu !

La *barrel race*

Remplace le cheval par un vélo et défie tes concurrents à la *barrel race*, une course entre trois barils suivant un parcours en forme de trèfle, aux virages très serrés.

Le *pole bending*

C'est un slalom à vélo entre six poteaux serrés. Si tu en touches un seul, tu es disqualifié !

À TOI D'ORGANISER TON PROPRE RODÉO, DE CHOISIR TES ÉPREUVES, D'EN INVENTER DE NOUVELLES, SANS JAMAIS OUBLIER QUE POUR LES COW-BOYS LE RODÉO ÉTAIT AVANT TOUT UNE FÊTE!

BUFFALO BILL

L'un des cow-boys les plus connus est William Cody. Il gagna le surnom de « Buffalo Bill » en tuant des bisons pour fournir en viande les ouvriers qui construisaient le chemin de fer. Il organisa des spectacles qui firent le tour du monde et se produisirent jusque sous la tour Eiffel. Ces spectacles retraçaient la vie de l'Ouest américain, avec attaques de diligences, de trains, combats contre les Indiens, chasses aux bisons !

Siffler

Se faire entendre de loin !

Pour se faire entendre au milieu de la cohue des animaux et couvrir le bruit de milliers de sabots qui piétinent le sol, un bon sifflement vaut mieux qu'un long discours !

Avec ou sans les doigts ?

Siffler sans les doigts produit un son qui, souvent, n'est pas assez fort pour se faire entendre au loin. Siffler avec les doigts permet au contraire d'émettre des sons brefs ou longs qui portent loin, et c'est ainsi que bien des bergers dans le monde donnent des ordres à leurs chiens. En théorie, il n'y a là rien de bien sorcier. Avec deux ou quatre doigts dans la bouche, il n'y a plus qu'à souffler très fort ! Mais, en pratique, il va falloir t'entraîner !

À deux doigts

• Avec le pouce et l'index de la même main, forme une boucle en les joignant.
• Place cette boucle dans ta bouche et fais passer à l'intérieur ta langue, repliée vers le haut.
• Souffle.

Et il ne se passera vraisemblablement rien ! Du moins pas tout de suite car, comme dans tous les arts, il te faudra un peu d'entraînement pour émettre ton premier son !

Un noyau d'abricot qui chante !

– Prends un noyau d'abricot et, avec une lime, creuse sur une face un trou d'environ 1 mm.
– Sur l'autre face, fais la même chose pour rejoindre le trou opposé.
– À l'aide d'un petit fil de fer, vide l'amande qui est au centre du noyau.
– Il ne te reste plus qu'à coincer le noyau entre tes lèvres et écouter, au gré de tes respirations, chanter l'alouette !

À quatre doigts

Il s'agit de placer dans la bouche l'index et le majeur de chaque main, collés entre eux sur ta langue repliée vers le haut… et de t'entraîner !

D'autres bruits

- Siffler n'est pas tout, on peut aussi imiter le cri du hibou avec ses seules mains.
- Place tes mains comme indiqué sur ce dessin et souffle.
- En modulant ton souffle et en écartant plus ou moins les doigts de ta main droite, tu imiteras à merveille le sinistre cri du hibou le soir au fond des bois !

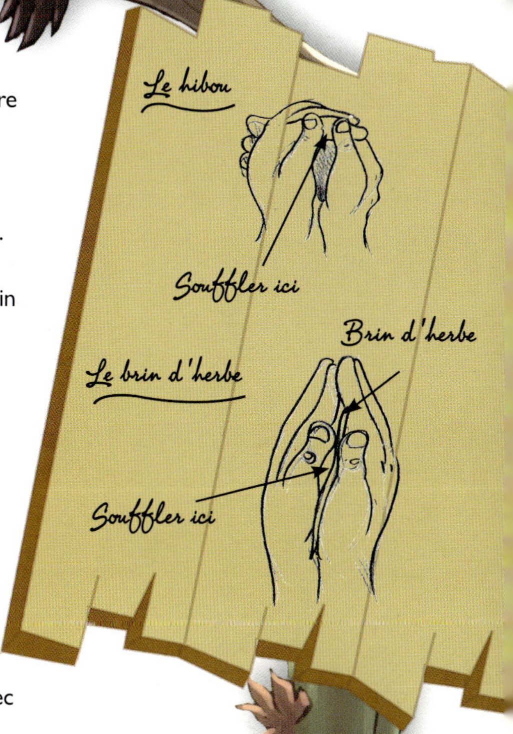

Un brin chantant

- Joins tes deux mains comme sur le croquis.
- Coince un brin d'herbe entre elles.
- En soufflant, tu feras vibrer ce brin d'herbe et tu produiras alors une jolie musique.

Le sifflet des bois

- Prends une petite branche, coupe-la en deux.
- Tailles-y deux encoches.
- Coince entre ces deux morceaux un brin d'herbe, avant de refermer le tout avec deux petites ficelles.
- Souffle !

TE VOILÀ PRESQUE DEVENU UN VÉRITABLE HOMME DES PLAINES, ET AVEC UN PEU D'EXPÉRIENCE, IMITER LES OISEAUX POUR LES ATTIRER, JOUER AU HIBOU POUR EFFRAYER TES ADVERSAIRES OU SIFFLER POUR RASSEMBLER LE TROUPEAU SERONT POUR TOI DES GESTES NATURELS.

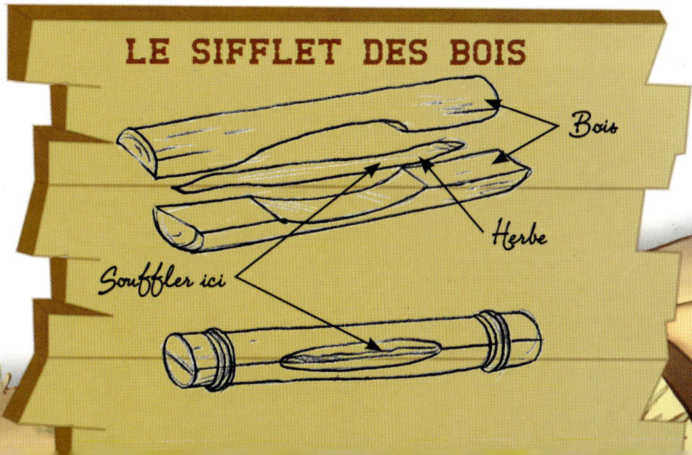

REPAS DE COW-BOY

Le soir au coin du feu

Le cow-boy mène une vie rude, toujours dehors, souvent à cheval, il se dépense beaucoup et, quand vient le soir, il a besoin de trouver dans sa gamelle une nourriture qui lui permette de recharger les batteries !

Pommes de terre

Rien de plus facile !

• Prends des pommes de terre de taille moyenne, deux ou trois par cow-boy.

• Enveloppe-les dans du papier d'aluminium et mets-les dans les cendres chaudes qui entourent ton feu.

• Attends 1 h 20 min environ (oui, c'est long !) avant d'ouvrir tes papillotes, de fendre les pommes de terre et de mettre du beurre salé dedans !

AU MENU...

Ce soir, au coin du feu :

- pommes de terre cuites dans la cendre,
- saucisses grillées,
- épis de maïs grillés aussi.

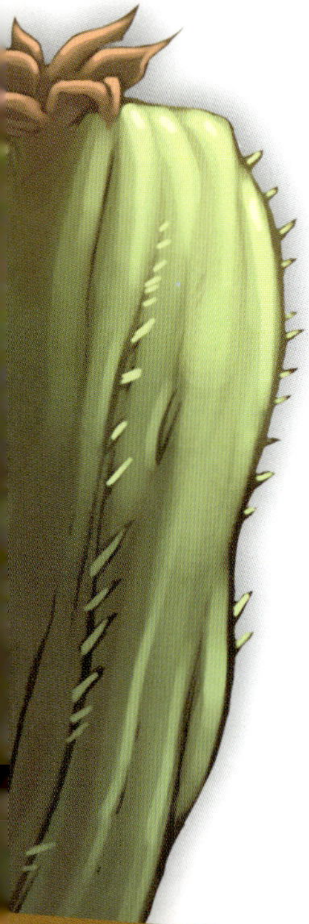

RAPPEL

Si tu as oublié comment faire du feu, reporte-toi à la page 74 !

LÉGUMES ET FRUITS AMÉRICAINS

Sais-tu que les pommes de terre viennent des Amériques, comme le maïs, les cacahuètes, le cacao, les haricots, le poivron, la tomate, les courgettes ou l'ananas ? Il n'y a pas que les hamburgers qui arrivent directement du Nouveau Monde !

Viande !

Les cow-boys se régalaient de morceaux de bison ou de bœuf grillé. Mais pour toi, il sera plus simple de faire des saucisses.

• Achète des merguez, des chipolatas, des saucisses aux herbes. Compte trois saucisses par cow-boy.

• Pique-les avec une fourchette pour qu'elles n'éclatent pas sur le feu !

• Dispose-les sur une grille et place-les au-dessus du feu.

• Laisse 10 min au moins, la viande de porc doit être bien cuite !

En dessert, du maïs grillé !

• Le petit truc, c'est de préparer les épis avant de les cuire…

• Il faut les faire bouillir 6 ou 7 min dans une casserole d'eau et de lait !

• Place ensuite les épis sur la grille au-dessus du feu pendant 10 min en les retournant régulièrement !

• Sers avec du beurre et un jus de citron !

Tu peux aussi jeter des grains de maïs dans une poêle au-dessus de ton feu, et à tol les pop-corn !

THANKSGIVING

En 1620, une poignée de pèlerins britanniques partis à bord du *Mayflower* accostèrent sur les côtes de la Virginie. Ils fondèrent une ville à partir de rien. Inexpérimentés, la moitié d'entre eux ne survécut pas au premier hiver. Au printemps, un Indien du nom de Squanto les aida en leur apprenant des techniques de chasse et de pêche, ainsi que la culture du maïs. Pour fêter les premières récoltes, le gouverneur organisa trois jours de fête où furent mangés dindes sauvages et pigeons. Depuis, il est de tradition aux États-Unis d'organiser un bon repas autour d'une dinde le jeudi qui précède le dernier vendredi de novembre, en souvenir du *Mayflower*.

Les Pirates

Tu n'as jamais rêvé de courir les mers à la recherche
de trésors fabuleux, de traverser les océans en quête de
gloire, de sentir le vent du large dans tes cheveux ? Tu
n'aimes pas l'odeur de la poudre et l'impatience qui
précède un abordage sabre au clair ne te manque pas ?
Alors la vie de pirate n'est pas faite pour toi...
Pour les autres, ceux qui osent, ceux qui ne sont effrayés
ni par les jambes de bois, ni par les mains en forme de
crochet, ni par les perroquets railleurs, embarquement
immédiat !

Tu es un vrai pirate !

Crochet et jambe de bois

Sache qu'avant d'appartenir à la confrérie des Frères de la côte, un minimum de préparatifs s'imposent !

Un pirate digne de ce nom doit porter un costume à la hauteur de ses ambitions. Certains accessoires sont indispensables.

1. Pour se protéger du soleil, un chapeau à grandes plumes ou un bandana. Le couvre-chef, outre son utilité, donne du panache !
2. Un anneau à l'oreille. Le pirate est un rebelle, il affiche la richesse de ses larcins. Sur l'œil, tu peux mettre un bandeau, en souvenir d'un combat qui a mal tourné. Voilà pour une tête de flibustier.
3. Une chemise blanche un peu grande et largement ouverte. Le pirate aime l'élégance. Cette chemise est serrée à la taille par une ceinture à boucle ou une longue étoffe colorée.
4. Au-dessus, une veste, ou un gilet à large revers sur lequel sont cousus des parementures et des boutons dorés, souvenirs d'une prise de guerre sur un riche galion espagnol.
5. Un pantalon ample, qui ne gêne pas les mouvements lorsqu'il s'agira d'aborder un navire convoité et de livrer bataille contre ses occupants.
6. Des bottes ou des chaussures à boucles dorées. Le pirate est élégant jusqu'au bout des pieds.
7. Une épée ou un sabre. Le pirate est un combattant !

1
2
3
4
5
6
7

tout seul ou à plusieurs

Drapeau et trésor

La terreur en haut du mât !

Une chose symbolise les pirates à elle toute seule, le pavillon noir ! Lorsque deux bateaux se croisaient en pleine mer, leurs craintes étaient de voir ce sinistre drapeau hissé en haut du mât ! Alors, es-tu toujours prêt à embarquer ?

À chacun son drapeau !

L'image classique du crâne et des deux tibias croisés est la plus connue, mais elle est loin d'être la seule. Les grands pirates avaient chacun leur drapeau : une seule couleur, le noir, mais les motifs variaient ; des crânes bien sûr, des os souvent, mais aussi des sabres, des squelettes entiers et même des cœurs… Les pirates seraient-ils sentimentaux ? Non ! Ces cœurs symbolisaient la vie, celle qu'on allait prendre ou perdre !

Ton drapeau

À toi de fabriquer ton drapeau et de le hisser en haut d'un mât. Il sera l'emblème de ta nouvelle vie.

• Procure-toi un vieux drap blanc bien épais.

Qui perd gagne !

Au cours d'une bataille, on peut perdre une main, une jambe ou un œil… Pour aider le pirate mutilé à vivre, de l'argent était prélevé sur la caisse de bord et lui était versé en fonction de la gravité de sa blessure. Voici le barème établi en cas de mutilation dans les Caraïbes au XVIIe siècle :
Perte des deux yeux = 2000 piastres ou 20 esclaves
Perte des deux jambes = 1500 piastres ou 15 esclaves
Perte du bras droit = 600 piastres ou 6 esclaves
Perte du bras gauche = 500 piastres ou 5 esclaves
Perte d'un œil = 100 piastres
Perte d'un doigt = 100 piastres

• Pour le dessin, tu peux imaginer ce que tu veux, mais il doit rester terrifiant et te ressembler.
• Trace les contours au feutre fin et remplis avec de la peinture noire.

Le trésor !

Autre symbole des pirates, le trésor ! Il n'y a pas d'histoire de pirate sans véritable trésor. Quand une traversée avait été bonne et que les richesses s'étaient accumulées au fond des coffres, les pirates cachaient leur magot. Ils revenaient ensuite y puiser en fonction de leurs besoins. C'était leur banque à eux ! Enfouis dans des grottes, enterrés sous un arbre, cachés dans un mur, les trésors de pirates sont encore nombreux à ne pas avoir été découverts !

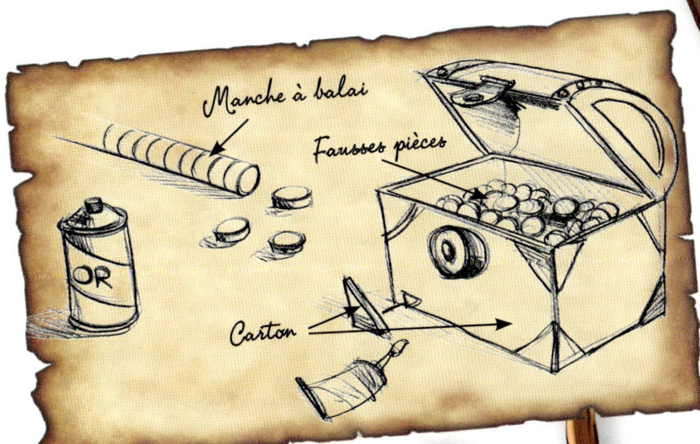

Ton magot

Te voilà pirate, il te faut un trésor !
• Accumule bijoux de pacotille, fausses pièces d'or en chocolat et, plus généralement, tout ce qui brille !
• Tu peux aussi fabriquer de fausses pièces d'or en découpant des rondelles dans un manche à balai et en les recouvrant de peinture or.
• Décore ensuite une boîte, fais-en un véritable petit coffre, et cours le cacher au fond du jardin !

Un drapeau, un trésor, te voilà prêt à partir sillonner les mers du sud ! Les Caraïbes n'attendent plus que toi !

La chasse au trésor

Jusqu'au bout du monde

Chaque histoire de pirate cache une histoire de trésor. Chaque histoire de trésor commence par une carte. Une carte mystérieuse, incompréhensible à première vue, mais qui invite au voyage ! Un trésor, avant d'être un tas de pièces d'or, c'est un rêve !

Une carte ancienne

Le trésor est fait, il faut maintenant le cacher et réaliser une carte pour indiquer où il est et défier tes copains de le trouver !

• Prends un papier un peu épais et si possible irrégulier, du papier à dessin par exemple !

• Pour que ta carte fasse plus vraie, qu'elle donne l'impression d'avoir traversé les années, il faut la travailler un peu !

• Déchire le bord de la feuille à la main, donne-lui un aspect irrégulier.

• Puis, à l'aide d'une allumette, brûle le bord, noircis-le.

• Dans une bassine, mets de l'eau, un sachet de thé et un peu de café.

• Trempes-y ta feuille, laisse-la s'imbiber, mais pas trop pour qu'elle ne se déchire pas !

• Sors ta feuille de l'eau et mets-la à sécher.

• Tu as maintenant un support pour ta carte, ta feuille semble avoir 200 ans, il ne reste plus qu'à y tracer ton itinéraire !

Un trésor de littérature !

En 1883, Robert Louis Stevenson, publie *L'Ile au trésor*. Ce roman est le récit de Jim Hawkins, enfant qui se retrouve malgré lui embarqué dans une course au trésor sur un bateau pirate ! Ce livre reste l'un des grands succès de la littérature d'aventures et a été adapté maintes fois au cinéma ou en bande dessinée !

Pour faire plus vrai !

Fais toi-même le papier de ta carte !

- *Prends des serviettes en papier et mets-les à tremper dans une bassine d'eau.*
- *Mixe le tout avec le mixeur de la cuisine.*
- *Mets la pâte obtenue dans un torchon et pose-le dans une passoire. Laisse égoutter.*
- *À l'aide d'une spatule, étale la pâte sur une planche. Incline la planche, laisse s'égoutter et sécher.*
- *Décolle à l'aide de la spatule.*

Tu viens de fabriquer ton propre papier !

Codes et dessins

• Pour indiquer l'emplacement de ton trésor, donne des indices, marque des repères.

• Profite des détails du décor particulièrement identifiables et dessine-les sur la carte : un rocher ou un arbre bizarre, la forme d'une montagne, le nom d'un lieu-dit seront autant de points de passage ou de directions à prendre.

• Plutôt que de donner des informations directes, code-les (pour connaître des systèmes de codage, voir pp. 86-87). Tu peux aussi ajouter une ou deux énigmes ou un rébus.

• Indique le nord sur ta carte, pour que les chercheurs puissent s'orienter. Précise les distances en pas ou en mètres. Écris et dessine avec un vieux stylo qui fuit, un crayon qui bave.

• Arrose encore un peu ta carte avec de l'eau pour faire baver tes dessins et peut-être même effacer à moitié certaines indications !

Ta carte finie, il ne te reste plus qu'à la soumettre à tes amis pirates et à les regarder faire !

La Buse !

Olivier Levasseur, dit La Buse, fut un pirate qui écuma l'océan Indien pendant la première moitié du XVIIIe siècle. Il finit par être capturé et, au moment d'être pendu, il cria à la foule ce message codé : « Mon trésor à celui qui saura comprendre. » Depuis, nombreux sont ceux qui ont essayé de comprendre son code et de trouver son trésor, en vain. Le trésor de La Buse attend toujours son découvreur !

Précaution

Il est préférable et souhaitable de réaliser et d'utiliser ce radeau en présence d'un adulte !

FABRIQUE TON RADEAU !

tout seul ou à plusieurs

Un bateau, une aventure !

Un pirate et son bateau, c'est une équipe à la vie à la mort ! Un bon pirate ne peut être qu'un bon marin ! Mais même les grands marins furent quelquefois contraints de construire des radeaux... Au travail, moussaillon !

Une méduse célèbre !

En 1816, le bateau français *La Méduse* s'échoua sur un banc de sable, à 160 km des côtes de la Mauritanie. Une partie de l'équipage ne pouvant pas monter dans les canots de sauvetage construisit un radeau. Ils étaient 152 sur ce radeau de 20 m de long et 7 m de large ! Au bout de douze jours de mer, quand ils furent récupérés, il ne restait plus que 15 survivants ! Le peintre Théodore Géricault peignit en 1819 un tableau resté célèbre qui relate cet événement : *Le Radeau de la Méduse*. Il est exposé au musée du Louvre.

Chambres à air ou bidons ?

Dans les deux cas, la technique de base est la même : il s'agit de poser un cadre de bois sur des flotteurs. Les chambres à air sont légères et souples, mais fragiles et de plus en plus difficiles à trouver (cherche auprès de garages qui réparent des tracteurs). Les bidons sont très résistants, mais lourds s'ils sont en métal (tu peux trouver des fûts de 200 litres dans les garages). En plastique (tu peux les acheter en quincaillerie et les récupérer dans certaines pharmacies), ils sont plus légers mais aussi moins solides ! Dans tous les cas, il faut commencer par récolter les flotteurs avant de fabriquer le cadre qui reposera dessus.

Attention !

Quand tu navigueras sur ton radeau, n'oublie jamais de porter un gilet de sauvetage qui, en cas de chavirage, est ta meilleure sécurité.

Radeau en chambres à air

- En fonction de la taille des chambres à air, construis ton cadre à l'aide de poutres de bois de 10 cm de diamètre environ.
- Pose ton cadre sur les chambres à air et fixe-le solidement avec une corde.
- Sur l'eau, méfie-toi des pierres et des branches qui pourraient crever tes bouées !

Radeau en bidons

- Il faut arrimer les bidons au cadre à l'aide d'un fil de fer plus solide que la corde !
- Une fois le cadre et les flotteurs accrochés ensemble, tu peux même poser un plancher sur l'ensemble !

TON RADEAU SERA UNE PARFAITE EMBARCATION POUR LES PETITS PLANS D'EAU, LES RIVIÈRES CALMES ET LA MER ÉTALE MAIS EN AUCUN CAS, IL NE SERA ASSEZ SOLIDE POUR DESCENDRE UNE RIVIÈRE AGITÉE OU ASSEZ STABLE POUR AFFRONTER LA HAUTE MER !

TOP SECRET

tout seul ou à plusieurs

Nœuds de pirates

Et que ça tienne !

Les pirates sont des marins, et les marins, c'est bien connu, font des nœuds. Et des nœuds résistants, s'il vous plaît !

Le nœud de chaise

Son nom lui vient du fait que l'on peut s'asseoir dans sa boucle, car elle ne se resserre pas. Il peut se défaire facilement ! Toi, pirate, tu l'utiliseras pour amarrer ton bateau (ou ton radeau) à un arbre sur la côte ou à un rocher de la plage. Pour réaliser ce nœud, il existe une petite histoire à se raconter. Une extrémité de la corde est l'arbre, l'autre le serpent (étape 1). Fais sortir le serpent du puits (étape 2), il fait le tour de l'arbre (étape 3), et il retourne dans le puits (étape 4). Il ne reste plus qu'à serrer (étape 5) ! Tu as alors un nœud très résistant et pourtant très facile à défaire. Ton radeau n'est pas près de prendre le large sans toi !

Le nœud de cabestan

Ce nœud peut se faire d'une seule main. Il est facile à réaliser quand l'autre main ne peut lâcher la barre ou l'écoute de ton bateau de pirate, mais il doit rester sous tension pour tenir !

Vocabulaire

De chaise, de jambe de chien, de tête de turc ou en huit, nœud de vache, de lapin, de galère parfois de gueule de raie, les nœuds ont de drôles de noms ! D'ajut pour lier ensemble deux cordes, d'arrêt pour finir un cordage, de boucle pour les amarrages de bateau ou les alpinistes, d'accroche, décoratifs ou même de cravate, ils ont aussi des usages bien différents !

Le nœud en huit

C'est le nœud d'arrêt par excellence, si tu ne veux pas que ton écoute sorte de la poulie et que ta voile batte au vent ! Il est très facile à dénouer. Laisse au moins 20 cm avant l'extrémité de l'écoute.

La demi-clef

C'est un nœud de base simple, facile à réaliser, dont on se sert souvent, pour maintenir une corde tendue entre deux poteaux par exemple. Quand tu voudras faire sécher tes habits de pirate, trempés par la mer déchaînée !

Le nœud plat

Il est très utile pour relier entre eux deux cordages de même diamètre !

On ne dit pas « corde » !

Sur un bateau, l'ensemble des bouts, haubans, drisses, fils et amarres forme les cordages. Mais il est interdit de prononcer le mot « corde », qui désignait la seule corde à bord, celle qui servait aux pendaisons ! Cette tradition est passée dans le monde du théâtre où les machinistes œuvrant dans les décors étaient autrefois tous d'anciens marins, et où les seules cordes permises sont celles des instruments – piano, violon ou autres.

TOP SECRET

Les marées

Pirate, tu connaîtras la mer !

Les sorties de ports, les passages au-dessus de certains bancs de sable, la présence de rochers à fleur d'eau, autant d'éléments qui dépendent de la marée. Un grand marin, et à plus forte raison un grand pirate, se doit de les connaître !

Explications

Les marées sont les respirations de la mer, elles rythment sa vie et celle de ses hôtes. Mais sais-tu, pirate, ce qui les provoque ? C'est la Lune. Elle attire les océans et les entraîne dans sa course autour du monde. C'est en effet l'attraction exercée par la Lune sur la Terre qui est responsable du mouvement des marées. Il est vrai que pour réussir cet exploit, elle est aidée par le Soleil. Si les deux astres unissent leurs efforts, ce sont les grandes marées, mais quand ils ne sont pas d'accord et qu'ils tirent chacun de leur côté, ce sont les marées de morte-eau.

Le marnage

C'est l'intervalle, pour un même jour, entre la haute mer et la basse mer. La zone de marnage la plus grande du monde se trouve dans la baie de Fundy, au Canada, elle est égale à 16 m. En France, le record est de 13 m, dans la baie du Mont Saint-Michel ! En mer Méditerranée, les eaux étant enfermées, elles n'ont pas la possibilité de se déplacer. Aussi la zone de marnage est-elle faible, environ 40 cm…

Le mouvement, c'est la vie !

La marée n'est pas seulement un mouvement physique de l'eau, c'est aussi un véritable cycle de vie. La zone de marnage abrite de nombreuses espèces animales ou végétales qui vivent ainsi au rythme des heures passées sous l'eau ou à l'air libre. Pirate, voici pour toi de quoi pêcher, mais aussi observer !

La marée électrique

En France, près de Saint-Malo, a été construite la première usine marémotrice du monde. Inaugurée en 1967, elle produit une électricité écologique et renouvelable à l'infini. Des turbines fixées dans le barrage tournent dans un sens à marée montante et dans l'autre sens à marée descendante. Malin !

Le mascaret

C'est un phénomène rare : il résulte de la remontée d'un fleuve par une vague poussée par les très grandes marées ! Il n'y a que 60 sites dans le monde où ce phénomène a lieu. La vague, ou plutôt la série d'une dizaine de vagues, peut alors remonter le fleuve à 15 ou 30 km à l'heure sur 100 km. Certains surfeurs attendent chaque année cette vague sur une très longue promenade !

Vocabulaire

La Lune met 24 h 50 min à faire le tour de la Terre. Pour connaître le temps qui sépare une marée haute d'une marée basse, il faut diviser 24 h 50 par 4, et l'on trouve 6 h13 environ. La partie du littoral qui est découverte entre la plus basse et la plus haute mer s'appelle l'estran, ou zone de marnage.

Pêche de pirate à pied

Coquillages et crustacés

Il était de tradition, pour les pirates mécontents, de se débarrasser de leur capitaine sur la plage d'une île déserte ! Voilà notre pauvre capitaine seul et sans nourriture, condamné à une mort certaine sauf si... Sauf s'il connaît la pêche à pied !

Invisible mais partout !

À première vue, la plage ne ressemble pas vraiment à l'étal du poissonnier ! Il faut se pencher un peu, soulever les algues, les rochers, gratter le sable, fouiller les trous, et les richesses du littoral s'offriront à toi !

Sous le sable...

Les palourdes, les coques, les praires ! Ces trois coquillages sont cachés dans le sable, il faut creuser 2 ou 3 cm avant de les trouver. La praire projette de temps en temps un petit jet d'eau qui permet de la repérer, la palourde a au-dessus d'elle deux trous séparés de 3 cm sous lesquels il faut creuser. Crus ou cuits, ces trois-là feront ton bonheur de pirate affamé !

Sur les rochers

Les berniques et les bigorneaux. Les bigorneaux, petits coquillages noirs, se laissent facilement cueillir. Mais pour les berniques, il faudra peut-être utiliser un petit

ATTENTION !

Avant de partir, renseigne-toi bien sur les horaires de la marée et n'oublie jamais de remonter quarante-cinq minutes au maximum après l'heure de la basse mer.

couteau pour les détacher de leur rocher ! Cuits dans l'eau pour les bigorneaux (20 min après ébullition), dans la cheminée pour les berniques, voilà deux nouvelles raisons de te régaler !

Crabes aux pinces d'or

Plus mystérieux, plus gros, plus discrets, les crabes sont les rois de la pêche à pied. L'étrille, petit crabe aux pattes légèrement duveteuses, est appréciée des connaisseurs. Le tourteau, que l'on appelle aussi dormeur, peut être impressionnant avec ses grosses pinces ! Mais l'empereur de la pêche, c'est le homard qui, rarement mais quelquefois, se cache dans les rochers !

Capitaine crochet

Pour tous ces crabes, munis-toi d'un crochet pour fouiller les trous et les anfractuosités des rochers ! Si tu n'en as pas, tu peux t'en fabriquer un en dépliant un cintre en fer et en le tordant à une extrémité pour former un crochet. À toi et ta bande de pirates, d'immenses festins de crabes en perspective !

Crevettes

Les mares ou les bords de l'eau recèlent de délicieuses petites crevettes grises (ou roses pour les plus chanceux !) que tu peux attraper avec ton épuisette et qui ne demandent qu'à être cuites !

RESPECT !

La mer est un milieu vivant et fragile. Il faut le respecter. Remets toujours en place une pierre après l'avoir déplacée. Ne ramasse jamais plus de coquillages que tu ne pourras en consommer. Ne prends pas ceux qui sont trop petits pour être ramassés.

TAILLE MINIMALE DE RAMASSAGE DES COQUILLAGES ET CRUSTACÉS

Coque : 3 cm
Praire : 3 cm
Palourde : 4 cm
Tourteau : 13 cm
Étrille : 5 cm
Homard : 23 cm
Crevette grise : 3 cm

Pêche de pirate à la ligne

Du poisson, point à la ligne !

Toute faite !

Tu peux aussi, pour commencer, acheter une ligne toute prête. Prends une n° 4. Pense à acheter aussi quelques hameçons en cas de casse !

Ce que tu peux pêcher

- En eau douce (lac, étang, rivière)
  Brochet, Carpe, Gardon, Perche, Tanche, Truite
- En eau salée
  Bar, Éperlan, Maquereau, Sardine

Quand le vent est calme, quand les canons se sont tus, les pirates entretiennent le navire. Le charpentier scie et cloue, les voiles sont recousues, le médecin soigne, et ceux qui n'ont rien à faire pêchent ! La pêche est l'occasion d'améliorer l'ordinaire et aussi de se détendre un peu !

Une canne à soi !

Il est possible de se fabriquer sa canne soi-même, sans grosse difficulté et à moindre coût.

- Trouve un noisetier et prélève une branche de 1,50 m à 2 m avec un couteau. Fais bien attention de ne pas te couper.
- Ôte les petites branches et les feuilles ainsi que l'écorce qui s'enlève facilement sur un bois fraîchement coupé.
- Tu as une canne. Maintenant, il faut construire la ligne.

Ta ligne

- Découpe un bouchon en liège et pique dedans un cure-dent pour faire le flotteur.
- Achète un plomb et des hameçons.
- Le bouchon doit flotter à la verticale dans l'eau. Il s'enfonce dans l'eau quand un poisson accroche l'hameçon en dessous et indique ainsi au pêcheur qu'il a une touche ! Les plombs que l'on fixe sur le fil servent à équilibrer la ligne pour que le bouchon se tienne bien droit et que l'hameçon reste bien sous l'eau.
- Réalise le montage suivant en attachant les éléments entre eux avec du fil de pêche : le bouchon percé de son cure-dent, les plombs, puis l'hameçon.

Pêche préhistorique

Les premières traces de pêche humaine remontent à 16 000 ans. On pêchait alors à la lance ou au javelot. Les premiers hameçons datent aussi de cette époque, ce sont des fragments d'os ou de silex. L'âge du fer vit apparaître les premiers hameçons qui avaient le défaut de rouiller très vite, avant que les Gaulois inventent l'étamage qui les protège !

Au gros !

Dans les eaux chaudes des tropiques, des amateurs de sensations fortes pratiquent la pêche au gros. À bord de puissantes vedettes et à l'aide de cannes spéciales, ils attrapent thons, espadons, requins ou marlins, des poissons qui peuvent peser jusqu'à 500 kg. Moins loin de nous, dans les paisibles eaux de la Saône, il est possible de remonter des silures, sortes de poissons-chats géants qui mesurent plus de 2 m et pèsent 85 kg…

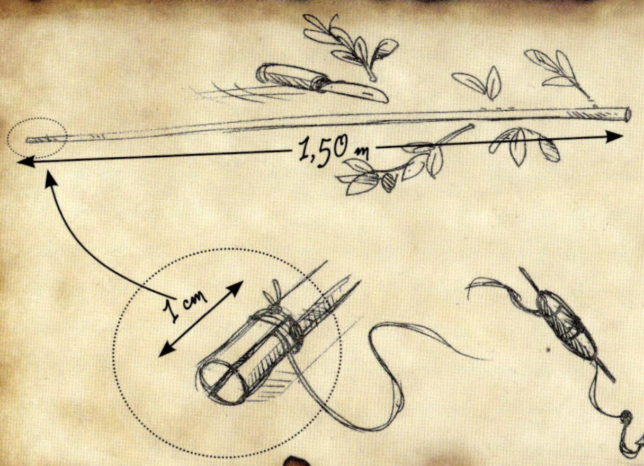

• Accroche enfin ta ligne à ta canne en faisant passer le fil de Nylon autour d'elle et dans la fente que tu auras pratiquée à l'extrémité.
• Serre et vérifie tes nœuds. Il ne faudrait pas qu'un poisson un peu bagarreur reparte avec tout ton bas de ligne !

Amorce

Pour attirer le poisson, il faut deux appâts : un accroché à l'hameçon, l'autre lancé autour de la ligne.
• Sur l'hameçon, tu peux accrocher un ver que tu auras été chercher dans la terre ou dans la vase non loin de ton lieu de pêche. Tu peux aussi accrocher des croûtes de fromage ou du maïs doux.
• Pour attirer le poisson autour de ta ligne, n'hésite pas à lancer des petits morceaux de pain, de maïs et de fromage mélangés à de la farine ! Les poissons adorent…

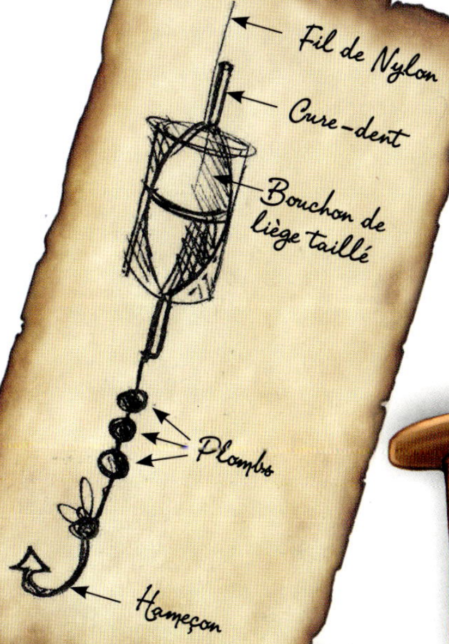

Fine mouche !

Réservée aux spécialistes et aux pêcheurs patients, la pêche à la mouche est autant un art qu'une technique de pêche. Il s'agit, à l'aide d'une fausse mouche ou d'un insecte fabriqué avec des plumes, de faire croire à une truite qu'un de ses mets préférés vole au-dessus de l'eau. Ainsi le pêcheur doit-il sans cesse lancer, retirer et relancer sa ligne pour faire voler sa mouche au-dessus des poissons, tel un insecte vivant ! Cette pêche se pratique dans des cours d'eau vive et fraîche.

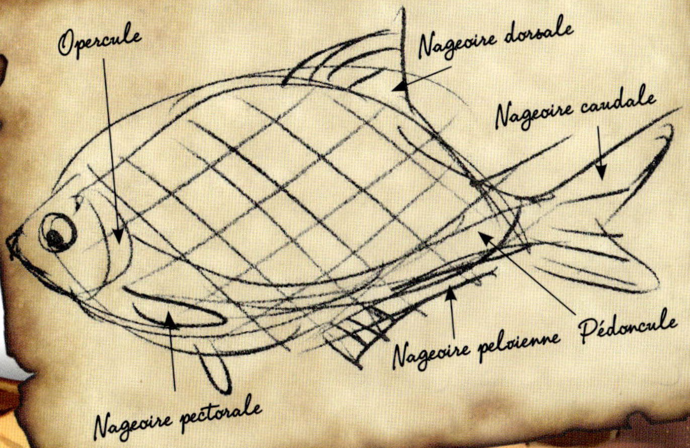

TOP SECRET

tout seul ou à plusieurs

REPAS DE PIRATES !

À la fortune du pot !

La vie d'un pirate n'est pas celle d'un fin gourmet ! Sur le bateau, il n'y a souvent rien de bon à manger : biscuit moisis, viande pourrie, eau croupie ! Quand le hasard met sur leur route un navire plein de victuailles, c'est la fête !

Améliorer l'ordinaire

L'ordinaire du bord est fait de viande de porc très épicée pour masquer son goût de pourriture, accompagné de mil bouilli comme du riz ! Chaque occasion de trouver de la nourriture fraîche est donc la bienvenue. On pêche ainsi le requin, les tortues de mer sont fort appréciées car faciles à attraper lors des escales et il est possible de les conserver vivantes au fond de la cale ! La viande de tortue a en outre la réputation de guérir certaines maladies !

LA TORTUE

La Tortue est une petite île située au large de l'actuelle Haïti, elle doit son nom à sa forme. Au XVIIe siècle, elle fut le repaire des pirates des Caraïbes. Son relief accidenté au nord la rendait pratiquement inabordable, tandis que la côte sud abritée offrait un refuge idéal aux bateaux des pirates. Aujourd'hui, ces plages sont considérées comme parmi les plus belles du monde et les touristes ont remplacé les pirates !

Les pirates profitent des escales pour chasser, attraper des écrevisses, des oiseaux, des lézards, et même des petits caïmans. Ils cueillent aussi des bananes et d'autres fruits… Tout est bon pour l'assiette et l'estomac du pirate, même si ce n'est pas forcément excellent au goût !

À boire !

L'une des principales difficultés à bord est de conserver l'eau potable. Quand elle vient à manquer, les hommes boivent de l'eau de mer, au risque d'en être malades ! Ils lui préfèrent donc le rhum, la boisson des pirates par excellence, dont ils s'enivrent dans les tavernes de la Tortue. Attention à toi, apprenti pirate, l'alcool t'est strictement interdit !

Un plat de pirate !

Les pirates, après la prise d'un navire riche en nourriture, peuvent préparer un curieux plat dont ils sont friands : le salmigondis ! La viande de porc, de bœuf ou de poulet est découpée et mise à mariner dans du vin avec du chou, des œufs durs, des oignons, des olives, du raisin et toutes sortes d'épices ! Ce curieux mélange est servi avec de la bière…

Ton salmigondis de pirate

Voici une version plus raffinée de ce plat, pour toi et tes amis pirates :

– Au fond d'une cocotte, mets 1 tranche épaisse de jambon fumé.
– Ajoute 3 ou 4 petits fonds d'artichaut, des haricots verts, des oignons émincés, des carottes coupées en rondelles, de l'ail, du poivron, des fèves, un bouquet garni.
– Fais revenir le tout dans de l'huile pendant 30 min.
– Ajoute 2 verres de vin blanc, si tu le souhaites. L'alcool s'évapore pendant la cuisson.
– Laisse mijoter 1 h.
– Ajoute 3 tomates et 1 laitue nouvelle, couvre et laisse mijoter encore 1 h…

À table ! Cette version moderne est plus digeste, mais tout aussi nourrissante !

TOP SECRET

tout seul ou à plusieurs

COPY

Jeux de pirates

Sabres de sable !

La vie d'un pirate est un combat pour la survie. Dans cette lutte, il arrive cependant que l'esprit d'équipe soit indispensable pour triompher !

À l'attaque !

Imagine deux bateaux côte à côte, le combat au canon va commencer.

- Forme deux équipes de pirates, et tous aux canons !
- Assure-toi que la plage est presque vide pour épargner de tes assauts les baigneurs innocents.
- Réalise des munitions à l'aide de sable mouillé en formant des boulettes et lance-les sur l'adversaire.
- Attention, il est interdit de viser la tête. Le sable dans les yeux, c'est terrible !
- Que les meilleurs gagnent ! Les premiers qui demandent grâce ont perdu !

Coulé !

À marée montante, la mer a des impératifs auxquels même les pirates doivent se soumettre.

- Que chacune des deux équipes se construise un navire à égale distance de l'eau !
- Les flots remontants, c'est contre eux que chacun des deux équipages devra défendre son embarcation de sable !

• Les gagnants seront ceux qui auront défendu le plus longtemps leur bateau contre l'inexorable montée des flots !

Le tour de l'île de la Tortue

• Réalise avec tes amis pirates un très beau et gros tas de sable.
• Tassez-le et couvrez-le de routes, de ponts, de tunnels, de chemins sinueux et escarpés longeant des falaises à pic.
• Chaque pirate se place sur la ligne de départ, ou plutôt place sa bille sur cette ligne puis, à petits coups de pichenette, la fait avancer jusqu'à l'arrivée !
• Le but du jeu est bien sûr d'arriver le premier à la taverne pour un verre de rhum, mais en dosant son effort ! Une sortie de route est vite arrivée et il serait vraiment trop bête de recommencer depuis le début !

Capitaine sur le sable !

Les pirates étaient de grands démocrates et ils élisaient leur capitaine. Seulement, si celui-ci abusait de son pouvoir, il était « maronné », ce qui signifiait qu'il était abandonné seul sur une île déserte ! Et dans les cas les pires, on lui coupait le nez et les oreilles !

Un peu de calme, pirate !

Il est vrai que les pirates n'aiment guère la plage, le sable n'est bon pour eux que quand on le creuse pour cacher ou trouver un trésor. Mais de temps en temps, oublier le large et regarder la mer depuis la terre plutôt que l'inverse, cela permet de reposer un peu son esprit de la vie trépidante à bord !

LES AVENTU
DU GRAND

RIERS
NORD

Franchir la ligne d'horizon pour aller au bout de soi et y découvrir qui l'on est vraiment ! Vaincre le froid, la peur, la solitude. Arpenter les forêts des raquettes aux pieds. Repérer les traces laissées dans la neige fraîche par les animaux. Faire de longues courses en traîneau à travers les immensités glacées. Construire un igloo en pleine tempête de neige. Se savoir fragile et se montrer indestructible. Aimer la nature, la craindre, la respecter. Ce sont toutes ces choses qui font aujourd'hui de toi le meilleur des aventuriers des glaces !

Vers les cimes

Jack London, c'est toi !

Équipe-toi pour survivre par - 30 °C !

❶ Une toque ou un bonnet. Se protéger la tête du froid est primordial, pas question de laisser s'envoler par le crâne des calories si précieuses ! Notre aventurier est coquet : il a ôté son chapeau pour la photo.
❷ Une veste chaude. Doublée de fourrure, en peau tannée par les années, la neige et le soleil, ta veste te permet d'affronter vent et froidure sans crainte.
❸ Un bâton de marche ou un piolet ! Pour s'appuyer dessus en marchant, tâter le terrain quand il est incertain, ou se défendre contre les loups qui rôdent, attirés par la faim !
❹ De grosses chaussures de marche. Solides, étanches, et qui accrochent bien le terrain. Pas question de déraper sous peine de se rompre le cou.
❺ Un sac à dos ! Tu dois avoir dedans tout ce qu'il te faut pour survivre, de sorte que même si une tempête de neige te surprend, tu peux te mettre à l'abri et attendre de meilleures conditions météorologiques pour repartir.
❻ Un chien. Fidèle compagnon du montagnard, il viendra te chercher même sous les avalanches.

TOP SECRET

1
5
2
3
6
4

TOP SECRET

Sac à tout !

Un sac de randonnée, c'est un peu comme une maison sur le dos ! Il faut tout avoir à portée de la main, bien rangé, bien organisé. Mais attention à ne pas partir avec trop de choses ! La tortue a sa maison sur le dos, mais elle n'avance pas…

Le choix de l'ordre

Faire son sac, c'est faire des choix, il faut avant tout prendre ce qui est vraiment indispensable et oublier tout ce qui pourrait n'être qu'encombrant.

• Au moment de remplir ton sac, réfléchis bien à l'ordre dans lequel tu vas ranger les choses. Ne mets pas au fond du sac ce dont tu auras besoin à la première halte. Au fond du sac, les affaires de nuit, au-dessus ce qui sert dans la journée.

• Adapte la taille de ton sac à la durée de ta randonnée : un sac de 20 litres pour une randonnée d'un jour, jusqu'à 50 litres pour deux ou trois jours, et ainsi de suite jusqu'à 60 à 70 litres.

• Dans ton sac, mets tes affaires dans des sacs-poubelles solides afin de les abriter de l'eau.

APPROVED

Pour dormir

Il te faut :

• Un sac de couchage.

• Un tapis de sol en mousse.

Même pour une journée, un sac de couchage peut se révéler utile en cas de difficultés imprévues.

La règle des trois couches

Il existe une règle dite « des trois couches ». Une couche isolante sur le corps (tee-shirt, caleçon long), une couche chaleur (pull, pantalon), une dernière couche de protection (imperméable et coupe-vent). En règle générale, il vaut mieux superposer plusieurs couches plutôt que de mettre une couche épaisse. L'air coincé entre les différents vêtements reste ton meilleur isolant contre le froid.

LES ACCESSOIRES INDISPENSABLES

- Une lampe de poche.
- Un couteau.
- Une gourde en métal remplie d'eau.
- Une gamelle qui peut aller sur le feu.
- Une carte de la région où tu te promènes.
- Une boussole.
- Des barres de nourriture énergétique.
- Un briquet ou des allumettes.
- Un réchaud à gaz.
- Une paire de jumelles.
- Un foulard qui peut servir à tout : se couvrir, soutenir un bras…
- Une couverture de survie.
- Une corde.

POUR TA TOILETTE

- Du savon.
- Une brosse à dents.
- De la crème solaire.
- Des pansements.
- Du papier toilette.

SUR TOI

- Des chaussures adaptées et que tu as déjà portées, attention aux ampoules !
- Des chaussettes.
- Un pantalon court ou long suivant la saison et le lieu de randonnée.
- Un tee-shirt, un pull polaire.
- Un blouson ou une doudoune ou un coupe-vent imperméable.
- Un bonnet (ou un chapeau l'été), des gants et des lunettes de soleil. Un bonnet remplace un pull. Avoir la tête au chaud permet d'envoyer de la chaleur vers les autres parties du corps qui ont froid.

RECHANGE

- Une paire de chaussettes.
- Des sous-vêtements.
- Un tee-shirt et une polaire propres, un pantalon.

AVENTURIER ET ÉCOLO

N'oublie pas d'emporter un sac-poubelle pour mettre tes déchets et ne rien laisser traîner derrière toi dans la montagne. Et ne jette pas cette poubelle dans la nature, redescends-la !

Précautions en montagne

L'humilité de l'aventurier !

On ne s'attaque pas à la montagne comme à un gâteau au chocolat ! Il y a plus à risquer qu'une simple crise de foie ! La prudence et l'humilité sont deux grandes qualités pour un aventurier du grand Nord !

Ça grimpe !

L'une des caractéristiques de la montagne, c'est que c'est en altitude… Cela paraît si évident que l'on en viendrait à l'oublier ! À 3 000 m, la quantité d'oxygène dans l'air a diminué d'un tiers ; à 5 800 m de moitié ! À partir de 2 000 m environ, 20 % des gens souffrent du mal des montagnes, dû principalement au manque d'oxygène. On appelle cela l'hypoxie.

Les principales manifestations sont des maux de tête, des vomissements ou des insomnies, effets qui disparaîtront le plus souvent progressivement dès le retour à des altitudes « normales » !

APPROVED

Il fait froid !

Qui dit montagne dit froid. Quand on monte, la température décroît de 0,6 °C pour 100 m de dénivelé. Le vent accentue le refroidissement. On risque l'hypothermie, qui entraîne perte de vigilance, affaiblissement et risque de mort. Pour s'en protéger, il faut boire beaucoup et si possible chaud. Il faut bien se couvrir, y compris la tête. Il faut avoir une alimentation hypercalorique – fruits secs, pâtes, lard…

DANGER

Il peut aussi faire chaud !

Une sortie en été comporte des risques d'insolation ou d'hyperthermie en cas d'effort violent et prolongé au soleil. Dans tous les cas, pense à boire régulièrement, à te protéger avec des crèmes adaptées et surtout à te couvrir la tête ! N'oublie pas tes yeux, la réflexion du soleil sur la neige est difficile à supporter. Mets des lunettes de soleil !

Autour de toi…

D'autres dangers viennent directement de ton environnement, comme les avalanches ou les éboulements rocheux. Pour les avalanches, il existe un bulletin de risque avalanche à consulter avant de partir. Si un risque existe, ne prends pas le chemin de la montagne ! Pour les éboulements, veille à ne pas les provoquer pendant la descente en bondissant tel un cabri !

EXTRÉMITÉS

Les gelures peuvent affecter les extrémités des membres (doigts de pied et de main). Elles se développent sans que l'on s'en rende compte. Évite donc les vêtements humides et trop serrés, surveille les parties de ton corps qui dépassent. Les oreilles et le nez sont les plus exposés.

TOP SECRET

MÉTÉO

De l'eau dans l'air !

Avant toute sortie en montagne, il faut se renseigner sur les prévisions météo. Mieux vaut perdre une journée pour cause de temps incertain plutôt que de perdre la vie par imprudence ! Un aventurier est aussi quelqu'un de prudent !

Prévenir, c'est revenir

Quand il fait beau en plaine, qui sait ce qui se passe là-haut ? De manière générale, en montagne, les phénomènes météorologiques sont plus rapides et plus violents qu'en plaine. Le temps change très vite !

- Le vent, gênant en plaine, peut devenir mortel en altitude en accélérant le refroidissement.
- La pluie, qui diminue la visibilité, rend les sols instables, fait gonfler ruisseaux et torrents et glisser le manteau neigeux.
- Le brouillard rend tout déplacement périlleux.
- L'orage peut tuer d'un éclair.
- La neige peut tomber même en été !

Pour qu'une promenade en montagne ne se transforme pas en cauchemar, se renseigner sur la météo est la règle importante à respecter.

Nuages

Il existe différents types de nuages et chacun d'entre eux a une signification différente. Savoir les reconnaître permet d'anticiper sur les changements de temps !

- **Les cirrus.** Situés à environ 7 000 m d'altitude, ils sont comme de longs filaments blancs en bandes étroites. Ils annoncent généralement un changement de temps dans les jours suivants.

ÉCHELLE DANS LE VENT

Il existe une échelle dite de « Fujita » qui mesure la force des tornades.
F0, de 60 à 110 km/h : dégâts mineurs.
F1, de 110 à 170 km/h : dégâts modérés.
F2, de 170 à 240 km/h : dégâts importants.
F3, de 240 à 320 km/h : dégâts sévères.
F4, de 320 à 410 km/h : dégâts dévastateurs.
F5, supérieur à 410 km/h : dégâts exceptionnels.

TOP SECRET

UN NUAGE LOURD

Un cumulonimbus, nuage d'orage chargé d'eau, peut atteindre le poids de 1 million de tonnes !

DES RECORDS

- La température la plus basse jamais enregistrée sur Terre l'a été à Vostok, dans l'Antarctique, à - 89,2 °C. En France, le record est de - 41 °C à Mouthe dans le Doubs.
- La température la plus haute jamais enregistrée dans le monde a été de 57,7 °C en Libye. Et en France, de 44,1 °C dans le Gard.
- Il existe au Chili un désert, l'Atacama, où il n'a jamais plu.
- Au Sahara, la différence de température dans la même journée au même endroit peut atteindre 50 °C.

- **Les cirrostratus.** Sortes de voiles transparents et blanchâtres, situés entre 6 000 et 12 000 m, ils sont généralement annonciateurs de pluie.
- **Les nimbostratus.** Couches nuageuses grises et sombres, ces nuages se déplacent vite et sont annonciateurs de dépressions.
- **Les stratus.** Couches nuageuses épaisses de plusieurs centaines de mètres, ils couvrent tout le ciel et produisent pluie ou neige.
- **Les cumulus.** Ce sont les nuages de beau temps ! Bien dessinés, ils ressemblent à des choux-fleurs en leur partie supérieure et se développent en hauteur en forme de tour ou de dôme.
- **Les cumulonimbus.** Ce sont les nuages d'orage ! Denses, puissants, hauts, ils sont lisses et blancs à leur sommet et gris en dessous.

Devenir un aventurier prend du temps, et l'imprudence permet rarement d'avoir ce temps ! Trop d'aventures s'arrêtent prématurément, et quelquefois tragiquement, pour de banales imprudences qui auraient pu être évitées !

MÉTÉO NATURELLE

Voici quelques indicateurs météo à observer dans la nature. Mais avant une promenade en montagne, mieux vaut demander l'avis d'un professionnel, comme un guide de montagne !

Il va faire beau !

Les oiseaux volent haut dans le ciel.
Les grenouilles chantent à tue-tête le soir.
La chouette hulule.
Les fourmis s'affairent dans tous les sens.
Les fleurs de pissenlit et les pommes de pin s'ouvrent.
Les moucherons volent à hauteur de visage.

Il va faire mauvais !

Les oiseaux volent bas dans le ciel.
Les araignées raccourcissent les fils de leurs toiles.
Les poissons sautent hors de l'eau.
Les chats se nettoient tout le temps, en passant la patte derrière leurs oreilles.
Les fourmis se déplacent à la queue leu leu.
Les pommes de pin et les pissenlits se ferment.

CHIFFRES

Chaque jour, il éclate en moyenne 44 000 orages dans le monde.
Chaque seconde, il se produit environ 100 éclairs.
Un éclair produit une intensité électrique comprise entre 10 et 100 millions de volts, d'une température de 8 000 à 30 000°C. Tous aux abris !

Carte et boussole

Savoir lire les cartes !

Il n'est pas nécessaire d'être voyant pour lire les cartes et ne pas se perdre en montagne. On peut savoir où aller sans être devin et savoir où l'on est sans boule de cristal ! Une carte (et pas 52 !), une boussole, deux ou trois petits trucs à savoir... tu iras jusqu'au sommet du monde.

Lire une carte

Pour comprendre une carte, il faut commencer par lire les informations qui se trouvent tout en bas. La première est l'échelle. Une carte au 1/250 000 signifie que 1 cm sur la carte est égal à 250 m sur le terrain. Il faut aussi repérer ces lignes qui courent sur la carte et représentent les courbes de niveaux : plus elles sont serrées, plus la pente est raide ; plus elles sont éloignées, plus la pente est douce. Sache que, à pied, tu parcours en moyenne 4 km/h sur terrain plat, et seulement 500 m sur terrain pentu.

Le nord

Une autre information est primordiale : l'orientation de la carte. Par convention, le nord se trouve toujours en haut de la carte. Quand, sur le terrain, tu voudras orienter la carte, il faudra poser ta boussole dessus et la tourner jusqu'à ce que le nord de la carte et celui indiqué par l'aiguille rouge de ta boussole soient dans la même direction.

TOP SECRET

De fil en aiguille, aimanté !

Une boussole, au fond qu'est-ce que c'est ? C'est une aiguille aimantée qui, attirée par le nord, se tourne vers lui. Si ton aiguille agit de la sorte, c'est que le centre de la Terre est comme un immense aimant.

Si tu n'as pas de boussole :

- Prends une aiguille à coudre.
- Frotte un côté sur un aimant.
- Pose-la sur un petit morceau de bouchon de liège.
- Pose l'ensemble sur l'eau, et l'aiguille se tournera immédiatement vers le Nord.

Tu viens de fabriquer une boussole !

Perdre sa boussole, mais pas le nord

De nuit, sans boussole, regarde le ciel. Repère la grande ourse (voir la carte du ciel p. 57), prolonge cinq fois la distance qui sépare les deux étoiles opposées au manche et tu trouveras l'étoile Polaire. Cette étoile indique toujours le nord si on se trouve dans l'hémisphère Nord. Pour l'hémisphère Sud, il faut repérer la croix du Sud, qui cette fois-ci indique…le sud ! La Lune, elle aussi, peut t'aider : quand elle est croissante, ses pointes montrent l'est. Quand elle est décroissante, elles pointent à l'ouest !

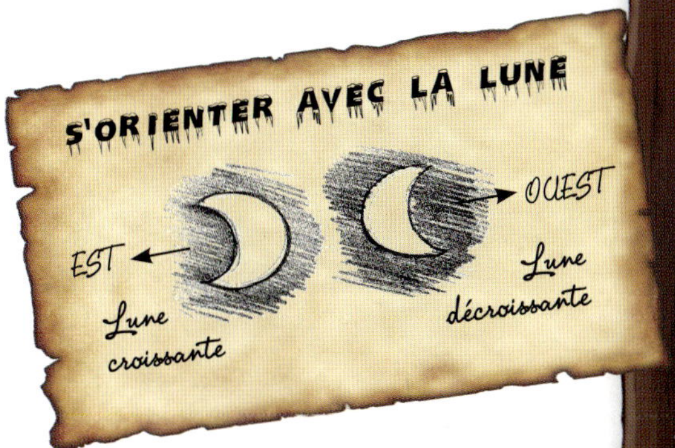

Quel nord est-il ?

Une autre solution pour trouver le nord est d'utiliser ta montre.

- Mets-la à l'heure d'été : recule d'une heure en hiver, de deux en été.
- Pointe la petite aiguille de ta montre vers le soleil, le sud sera sur la ligne qui passe entre la petite aiguille et le chiffre 12.

VOYAGER AVEC UNE CARTE…

Les cartes racontent aussi l'Histoire. Plonge-toi dedans, écoute-les te parler : les noms, les frontières, les dessins, les décorations, tout dans une carte parle à qui sait l'écouter ! Il n'y a pas de grand ou de petit voyage qui ne commence par une carte. À celui qui sait les lire, il est donné de voyager sans bouger. Pour celui-là, oui vraiment, les cartes sont magiques !

Flore et faune de la montagne

Des surprises à tous les étages !

La montagne, c'est exactement comme les grands magasins : chaque étage a sa spécialité. Prends les escaliers roulants et laisse-toi porter !

De bas en haut !

On pourrait découper la montagne en cinq niveaux.

1. **L'étage colinéen** : il va de 0 à 900 m. Il y fait doux, en moyenne 15 °C. Il est occupé par les champs cultivés, les arbres feuillus, comme le chêne et le châtaignier. C'est le niveau des hommes des villages !
2. **L'étage montagnard** : de 900 à 1 600 m. Il y fait plus frais, en moyenne de 8 à 15 °C. C'est l'étage de la forêt de sapins et de pins sylvestres, ainsi que des hêtres.
3. **L'étage subalpin** : de 1 600 à 2 300 m. La température moyenne est de 5 à 8 °C. Il n'y a plus de feuillus, l'épicéa et le mélèze forment une forêt qui s'éclaircit pour devenir des alpages (c'est ainsi que l'on appelle les prairies de montagne).
4. **L'étage alpin** : de 2 300 à 3 000 m. Il n'y a plus d'arbres, seulement des

TOP SECRET

prairies, les fleurs y ont des tiges courtes et la végétation dure deux mois. La température moyenne est de 2 à 3 °C.

5. **L'étage minéral**. C'est le règne du caillou, de la pierre et des neiges éternelles. La température moyenne y est de 0 °C.

Une arche de Noé en altitude !

Nombreux sont les mammifères qui, de la plaine jusqu'aux sommets, habitent la montagne.

- Au sommet se trouvent **le bouquetin** (1) et ses cornes majestueuses, le chamois, roi des grimpeurs, la belette qui file comme le vent, et le lièvre variable qui, de gris l'été devient blanc l'hiver !
- **La marmotte** (2) vit juste en dessous.
- Plus bas les cerfs, les sangliers, les écureuils, **les lynx** (3) et les renards parcourent la forêt.
- **Le chevreuil** (4), lui, reste en plaine.
- Bon nombre d'oiseaux traversent les cieux montagnards, de **l'aigle royal** (5) au chocard à bec jaune, du gypaète barbu jusqu'au trop rare coq de bruyère !

SECOURISME

Les premiers gestes qui sauvent

Certains aventuriers de la montagne prennent trop de risques et peuvent mettre leur vie en danger. Si tu assistes à un accident, voici ce que tu peux faire. Mais attention, n'interviens pas n'importe comment, le remède pourrait se révéler pire que le mal !

DES NUMÉROS UTILES

Le 111, le 15 ou le 18 ne sont pas des numéros avec lesquels on peut s'amuser. Des vies sont en jeu ! Il ne faut pas appeler pour rien et faire de stupides plaisanteries téléphoniques qui font perdre un temps précieux aux secours ! En revanche, en cas de doute, il ne faut jamais hésiter à les appeler. La plupart du temps, c'est parce que l'on intervient trop tard que les choses tournent au drame !

Premiers secours, dernière chance !

Intervenir sur un accident quand on est les premiers arrivés, c'est une grande responsabilité ! Prendre les bonnes décisions et agir vite, voilà les deux attitudes essentielles pour que tout finisse bien ! Mais quelles sont ces choses à faire ou à ne pas faire ? Un minimum de formation et de réflexion préalables est indispensable.

La Croix-Rouge propose des formations aux gestes de premiers secours (formation de dix heures : PSC 1). N'hésite pas à t'inscrire pour les maîtriser parfaitement. **Les conseils que nous te donnons ici ne sont donc que des indications et doivent absolument être précédés de cette formation.**

Le PAS qui change tout

PAS : Protéger, Alerter, Secourir ! Si tu retiens ces trois termes et leur ordre, tu as déjà un plan de bataille.

Protéger : c'est mettre les victimes à l'abri d'un mal plus grand, éviter que les choses n'empirent, éloigner les passants et les enfants ! Dans le cas d'un accident de la route, c'est installer le triangle de secours, c'est signaler aux autres véhicules le danger. Dans le cas d'un accident de montagne, c'est protéger une victime des éléments – eau, froid et neige. C'est, en cas de force majeure, déplacer une victime, la sortir d'un endroit où sa mort serait certaine.

Alerter : c'est appeler

- Le 15 (Samu).
- Le 18 (les pompiers).
- Le 111 (Samu et pompiers).

DANGER

DANGER

Secourir

Si la victime est accessible sans danger, approche-toi d'elle et parle-lui doucement. Présente-toi et rassure-la. Vérifie qu'elle est consciente et respire normalement.

En cas d'étouffement

• Si la victime ne peut ni parler, ni tousser, ni respirer…

• Donne-lui cinq claques dans le dos et vérifie si les choses s'arrangent après chaque claque (ces gestes te seront enseignés par la Croix-Rouge).

• Si les choses ne s'arrangent pas, ce seront les secours qui prendront le relais en pratiquant des pressions abdominales et, si besoin, une réanimation cardio-pulmonaire.

En cas de saignement

• Ne touche pas toi-même le sang de la victime. Demande-lui de compresser sa plaie.

• Si elle ne le peut pas, fais-le avec un linge ou un sac en plastique.

• Allonge la victime.

• Demande qu'on appelle les secours ou fais-le, avec ton téléphone, de ton autre main.

• Attends les secours en compressant toujours, avec plus d'intensité si le sang continue de couler.

Ne réalise pas ces gestes si un corps étranger est présent dans la blessure.

En cas de perte de conscience

• Vérifie que la victime est inconsciente.

• Qu'elle peut respirer.

• Place-la en position latérale de sécurité (cette position te sera enseignée lors de ton stage de formation à la Croix-Rouge) si tu y parviens car la victime peut être trop lourde.

• Demande qu'on appelle les secours ou fais-le si tu es seul.

• Attends les secours en vérifiant que la victime respire toujours.

EN CAS D'ARRÊT CARDIAQUE

• Vérifie que la victime ne réagit pas et ne respire pas.

• Appelle les secours et demande-leur d'apporter un défibrillateur automatisé.

• Ils procéderont à un massage cardiaque (en comprimant le thorax puis en insufflant de l'air dans la bouche de la victime) que tu ne peux réaliser tout seul encore.

CE QU'IL FAUT DIRE AUX SECOURS

Les secours attendent des informations précises.

Indique :

• Le numéro d'où tu appelles (ou la borne s'il s'agit d'un point téléphone au bord d'une route).

• Ton nom si on te le demande.

• La nature de l'accident.

• Les risques éventuels (incendie, effondrement…).

• Le lieu précis de l'accident.

• Le nombre de victimes.

• L'état de la ou des victimes.

• Ce que tu as déjà fait pour la ou les secourir.

APPROVED

DANGER

TOP SECRET

Soirée au refuge

Là-haut sur la montagne !

LE PLUS ANCIEN

En France, le plus ancien refuge est celui des Grands Mulets, dans le massif du Mont-Blanc, construit en 1881.

Il y a des endroits magiques pour passer la nuit ! Des hôtels magnifiques, des plages de rêve ! Il existe aussi des endroits isolés, difficiles à atteindre, sans aucun confort et tout en promiscuité, des endroits où le seul mérite de la cuisine est d'être chaude sans être bonne. Et pourtant il est des hommes qui donneraient tout ce qu'ils ont pour y passer la nuit !

Et ci c'était ça, le luxe !

Arriver après une longue journée de ski ou de marche, poser son sac, défaire ses chaussures et pousser la porte qui mène au bonheur ! Dans le refuge, une rumeur monte, celle des verres qui s'entrechoquent, des tasses que l'on tient au creux des mains en soufflant dessus, puis des voix qui racontent ! La montée harassante de l'un, ce lever du soleil sur une neige vierge de toutes traces d'un autre, cette chute que l'on a évitée, cette crevasse qui était si bien cachée, ce reflet du soleil dans la glace d'une stalactite…

Au refuge

Le maître des lieux est le gardien du refuge. C'est lui qui prépare les repas, mais il est aussi là pour aider et guider les promeneurs. Il connaît la montagne comme sa poche et ses conseils sont écoutés. Le dîner permet à tous de reprendre des forces : il n'est pas question de nourritures gastronomiques. Ici pas de petits plats, mais une bonne cuisine familiale qui permet de repartir en forme !

Un repas de refuge : la tartiflette

Si tu veux jouer les aventuriers des montagnes à la maison, voici de quoi transformer le repas familial en dîner de refuge.

- Épluche les pommes de terre et fais-les cuire dans de l'eau bouillante pendant 40 min.
- Épluche les oignons, émince-les et fais-les revenir dans une poêle avec de l'huile.
- Ajoute les lardons.
- Dans un grand plat, dispose une couche de pommes de terre (coupées en rondelles), ajoute lardons et oignons, couvre de crème fraîche.
- Remets une couche de pommes de terre, puis des lardons et des oignons.
- Termine en disposant le reblochon par-dessus, coupé dans le sens de sa hauteur.
- Mets au four 20 min à 210 °C (th. 7).

Voilà un vrai plat de montagnard !

Ingrédients
- 6 grosses pommes de terre
- 1 reblochon
- 1 paquet de lardons
- 2 oignons
- 1 pot de crème fraîche
- Un peu d'huile

FACILE

Une belle nuit

Après le dîner, au refuge, chacun s'installe pour dormir. Pas question de longues veillées ou de programme télé, les yeux se ferment vite, chut ! Les lits sont rarement luxueux, il s'agit le plus souvent de matelas placés les uns à côté des autres. La journée commence tôt et les premiers à quitter le gîte le font dès 5 heures du matin. Une nouvelle journée de montagne commence, en attendant d'atteindre ce soir un autre gîte.

Cette vie de communauté et de solidarité qu'impose la montagne oblige chacun à respecter les autres, à se montrer discret, ordonné et à respecter les horaires communs. Mais ce n'est pesant pour personne tellement la vie au refuge fait partie des charmes de la montagne.

SUR LE TOIT DE L'EUROPE

Le plus haut refuge d'Europe est situé en Italie, sur le sommet de la Punta Gnifetti, à 4 554 m. Littéralement posé sur le sommet, ce refuge fut construit en 1893. Aujourd'hui entièrement rénové, il accueille chaque été des scientifiques qui y observent les effets de l'altitude sur le corps humain.

Index

A

B

C

D

E

F

G

H

I

J

K / L

M

N

O

P

Q / R

S

T

U / V

L'AVENTURE T'APPELLE !
À TOI DE JOUER !